Michael Mary / Henny Nordholt

Der geheime Lebensplan

MICHAEL MARY
HENNY NORDHOLT

Der geheime Lebensplan

Mein inneres Drehbuch entdecken,
meinen Platz im Leben finden

KREUZ

Inhalt

Vorwort

In unserer Jugend war es noch üblich, die Toten der Familie drei Tage lang im Haus aufzubahren. Dann kamen Freunde und Verwandte, um sich von den Gegangenen zu verabschieden und um die Gebliebenen zu trösten. Gemeinsam wurden die Toten dann zu Grabe getragen. Der Friedhof des Ortes war seinen Bewohnern ein vertrauter Ort, und er befand sich in zentraler Lage des Dorfes.

Derart schauten die Lebenden dem Tod beinah täglich in Gesicht, weshalb sie die Endlichkeit auch vor sich selbst nicht leugnen konnten. Das Ende des Lebens war für alle gegenwärtig, war sichtbar und spürbar. Heute geraten Rituale wie das der Aufbahrung, die Menschen zur Besinnung führten und menschliche Lebensabschnitte markierten, allmählich in Vergessenheit. Der Tod wird zur abstrakten Größe, und das Leben erscheint als unbegrenzt, vielleicht nicht dem Verstand, aber den Sinnen und der unmittelbaren Erfahrung des Menschen.

So bleibt in einer an Jugendlichkeit und Machbarkeit orientierten Welt wenig Vorgefundenes, nach dem ein Mensch seine Lebensuhr stellen kann, und es fällt leicht, sich über das allmähliche Verstreichen des Lebens hinwegzutäuschen. Heute ist es allein dem Einzelnen überlassen, sich mit dem Verlauf und den Fragen nach Sinn und Ziel seines Lebens zu befassen.

Diesem Zweck ist das vorliegende Buch gewidmet. Indem es das Leben des Menschen in Abschnitte von jeweils 10 Jahren einteilt, verschafft es einen Überblick über dessen wesentliche Chancen und Aufgaben und über den Sinn, den man ihm geben kann und den man ihm heute selbst geben muss.

Das Leben des Menschen auf dem Weg zu Erfüllung

Sinn, Erfüllung, Ziele, Aufgaben, Lebensplan – das sind zentrale Begriffe dieses Buches. Doch ob das Leben überhaupt einen Sinn und ob es tatsächlich Ziele hat, darüber lässt sich wenig Objektives sagen. Philosophen aller Zeiten stritten darüber, ohne je zu allgemein gültigen Ergebnissen gelangt zu sein. Daher sind philosophische Betrachtungen im Zusammenhang dieses Buches kaum von Interesse.

Wir glauben vielmehr, dass jemand, der in den letzten Atemzügen zufrieden und zustimmend auf sein Leben zurückblickt, der den Tod deshalb kaum fürchtet, weil er mit der Gewissheit geht, ein rundes und volles Leben geführt zu haben, dass dieser Mensch eine große Lebensaufgabe gelöst und ganz sicher seinen Lebenssinn gefunden hat. Daher besteht für uns die größte Aufgabe des Menschen darin, *sein Leben zu erfüllen.*

Nun werden dem Einzelnen allerdings durch Gesellschaft, Medien, Familie und Freunde, alle möglichen und unmöglichen Ziele vorgegeben und von jedem wird behauptet, es vermittle Glück und Zufriedenheit und bringe die ersehnte Erfüllung quasi von selbst. Sich an solchen Zielen zu orientieren stellt allerdings ein erhebliches Risiko dar, denn es mag zwar gelingen, ein berühmter Professor zu werden, eine Familie zu gründen oder Reichtümer anzuhäufen, die erwartete Erfüllung ist jedoch keinesfalls automatisch mit diesen Dingen verbunden. Denn auf ausgetretenen Pfaden ist selten Wertvolles zu finden; und wer dies nicht erst am Ende seines Lebens feststellen möchte, der tut gut daran, sich zur rechten Zeit mit seiner Lebensaufgabe zu befassen.

Die Aufgabe, sein Leben zu erfüllen, stellt unserer Meinung nach eine *individuelle* und eine *innere* Aufgabe dar. Sie lässt sich nicht durch äußere Merkmale bewältigen, weder durch Besitz noch durch Macht noch durch Ansehen allein. Erfüllung findet der Mensch nicht in vorgegebenen Lebensentwürfen und nicht in der Anpassung, sondern in sich selbst. Denn Erfüllung ist ein innerer Zustand und nicht etwas, das man anfassen oder vorweisen kann. Als Wegweiser zu diesem inneren Zustand der Erfüllung dienen, das wird noch deutlich werden, die Lebensträume des Menschen, welche in Bildern verborgen auf die wirklich wichtigen Lebensziele verweisen.

Zum Lebensplan eines Menschen, wie wir ihn

verstehen, gehört demnach zweierlei: zum einen die Absicht, das Leben zu erfüllen, und zum anderen die Überzeugung, dies durch die Verwirklichung individueller Ziele tun zu können.

Lebensmythos

Ein sinnstiftender Lebensplan könnte nach den vorherigen Ausführungen folgendermaßen formuliert werden: »Ich nehme mir vor, mein Leben zu erfüllen. Dazu werde ich mich nicht an von anderen Menschen vorgegebenen Lösungen, sondern an meinen eigenen Lebensträumen orientieren.«

Warum sind die Lebensträume so wichtig? Wenn der Mensch sein Leben erfüllen kann, indem er individuellen Lebensträumen folgt, so deshalb, weil diese Träume nicht aus einem luftleeren Raum entstehen. Sie sind nicht ausgedacht, nicht erfunden, nicht übernommen. Vielmehr ergeben sie sich aus der einzigartigen Lebensgeschichte eines Menschen, stehen im Zusammenhang mit einer sehr konkreten Lebenssituation und spiegeln die sich hierin bildenden Sehnsüchte.

Oberflächlich betrachtet glauben die Menschen meist, ihre Zukunftsträume würden tatsächlich etwas über die Zukunft aussagen und es ginge im Leben darum, die schillernden Bilder dieser Träume zu verwirklichen. Aber was ein Mensch sich erträumt und wie er sich die Zukunft vorstellt, das hat relativ wenig mit der Zukunft zu tun, die er später erleben wird.

Träume und Sehnsüchte entspringen vielmehr aus gegenwärtigen Situationen, und diese Gegenwart ist wiederum stark von der Vergangenheit geprägt. Daher sagen Träume mehr über die Gegenwart als über die Zukunft aus. Weil man nur von etwas träumen kann, das man haben möchte, aber nicht hat, weisen sie auf das hin, was im gegenwärtigen Leben fehlt und das vermisst wird. Aus diesem Grunde erweisen sich Lebensträume als Wegweiser auf der Suche nach Erfüllung.

Woher stammen diese Lebensträume? Man kann ihre Quelle im Bereich des Unbewussten ansiedeln, in jenem Bereich der Persönlichkeit, der sich größtenteils außerhalb willentlicher Kontrolle befindet und der sich weitgehend bewusster Einflussnahme entzieht. In diesem Unbewussten eines jeden Menschen existiert so etwas wie ein individuelles *inneres Drehbuch*, das faszinierende Zukunftsträume produziert und ganz bestimmte Lebensziele erstrebenswert erscheinen lässt.

Man kann davon ausgehen, dass nicht der Mensch seine Lebensziele aussucht, sondern seine Ziele ihn suchen. Seine Lebensträume suchen die Unterstützung des Menschen. Seine Ziele suchen ihn? Ja, denn der Mensch kann sich seine Lebensträume nicht aussuchen. Er kann weder bestimmen, in welche Frau er sich verlieben wird, noch kann er sich aussuchen, was er in seinem Leben für erstrebenswert erachtet.

Die Vernunft mag ihm tausend Mal raten, Rechtsanwalt oder Makler zu werden. Aber wenn er davon träumt, Künstler oder Sportler zu sein, wird er gegen die Kraft und Faszination seiner Wünsche nicht ankommen. Und selbst wenn sich die Vernunft durchsetzen sollte und er seine Träume auf dem Altar der Vernunft opfert, wird sein Lebensgefühl darunter leiden, und er wird mit Langeweile und Frustration einen hohen Preis für seine Entscheidung zahlen. Er wird in seinem Leben allenfalls glimmen statt leuchten.

Obwohl die meisten Menschen glauben, sie würden ihre Lebensziele aussuchen, ist also das Gegenteil der Fall. Das Traumauto fährt auf der Straße. Das Traumhaus ist im Katalog abgedruckt. Die Traumfrau steht unerwartet da. Der Traumjob lockt. Ziele jeder Art sind ständig gegenwärtig, und wenn sie einen Menschen treffen, der zu ihnen passt, der also ihren Verheißungen Glauben schenkt, heften sie sich an ihn. Das Ziel greift mit seiner unerklärlichen Faszination nach dem Menschen und weicht nun nicht mehr von seiner Seite. Das führt zu einer ganz entscheidenden Einsicht:

Was sein Leben erfüllen wird, kann sich der Mensch nicht aussuchen. Was ihn glücklich machen wird, unterliegt nicht seinem Willen. Er kann es lediglich entdecken und ihm entweder zur Realität verhelfen oder ihm die Verwirklichung verweigern und damit seinem Leben die Erfüllung.

Diese Ansicht steht im krassen Widerspruch zur verbreiteten Meinung, der Mensch könne seine Lebensziele frei nach Willen und Wollen auswählen. Dabei ist es ihm nicht einmal möglich, individuelle Vorlieben auszuwählen, beispielsweise festzulegen, welche Sportart ihn begeistert, welches Essen er genießt, welche Menschen er sympathisch oder abstoßend findet. Und schon gar nicht kann er bestimmen, was er im Leben für erstrebenswert erachtet und was er für nebensächlich hält.

Das innere Drehbuch seiner Träume und dessen Inhalt sind dem Menschen unbewusst. Niemand kann in sein Inneres schauen und die Seiten seines Drehbuches durchblättern, Regie darin

14

führen, Korrekturen daran vornehmen, Passagen daraus streichen oder auf andere Weise daran manipulieren. Der Mensch ist in seinem Willen nicht frei, weil er gegen sich selbst und seine inneren Bedingungen nicht ankommt. Daher stellt das innere Drehbuch quasi einen geheimen Lebensplan dar; und die einzige Freiheit des Menschen besteht darin, ihm zuzustimmen und ihn im Laufe der Jahre zu einem offenen und bewussten Lebensplan zu machen. Auf solche Weise gerät ein Mensch in Übereinstimmung mit sich selbst, und das wurde stets als ein lohnenswertes Ziel, ja sogar als das lohnenswerteste aller Lebensziele angesehen.

Jetzt kann der menschliche Lebensplan noch exakter definiert werden: »Mein Lebensplan besteht darin, mich an meinem unbewusst vorhandenen, inneren Lebensentwurf zu orientieren, dabei in Übereinstimmung mit mir selbst zu gelangen und so mein Leben zur Erfüllung zu bringen.«

Der psychologische Fachbegriff für das beschriebene innere Drehbuch lautet *Lebensmythos*[1]. Ein Lebensmythos ist kurz gesagt die Zusammenfassung dessen, was sich im Leben eines Menschen verwirklichen soll und wovon ein Mensch sich Glück und Erfüllung verspricht. Dieser Lebensmythos ist immer individuell, weil jeder Mensch aufgrund seiner einzigartigen Lebensgeschichte andere Träume entwickelt und andere Ziele anstrebt. Ein inneres Drehbuch gleicht also keinem zweiten. Und es ist immer verborgen, weil man in den unbewussten Bereich des Selbst nur ein kleines Stück weit hineinschauen kann.

Lebensphasen

Bei dem hier skizzierten Entwurf eines Lebensplanes soll am Ende des Lebens dessen Erfüllung stehen. Die Erfüllung des Lebens aufgrund des inneren Drehbuchs stellt so gesehen eine lebenslange Aufgabe dar. Diese Lebensaufgabe lässt sich besonders plastisch beschreiben, wenn man sie auf Lebensphasen bezieht und so verdeutlicht, welche spezielle Aufgabe zu welcher Lebensphase gehört. Anhand einer solchen Übersicht kann jeder prüfen, ob er sich auf der Spur seines Lebensmythos befindet und sich dessen Erfüllung nähert oder sich davon entfernt.

Wir haben das Leben des Menschen dazu in acht Dekaden, also in acht Abschnitte von jeweils 10 Jahren, eingeteilt. Diese Abschnitte möchten wir nun vorwegnehmend andeutungsweise beschreiben, um in den folgenden Kapiteln ausführlich darauf einzugehen.

Orientierung

In den ersten 10 Lebensjahren geschieht die grundsätzliche Prägung menschlicher Wahrnehmung, die es dem Einzelnen ermöglicht, sich in seiner Umwelt zurechtzufinden. Die wichtigste Aufgabe dieser Zeit ist die Orientierung, und ihr wichtigstes Ergebnis in Bezug auf den Lebensplan besteht in der Erfahrung der Einschränkungen, welche durch das konkrete Umfeld und die persönliche Situation bedingt sind. Diese Einschränkungen lassen den Lebensmythos entstehen.

Abgrenzung

Vom 10. bis zum 20. Lebensjahr drängt es den Menschen, unabhängiger zu werden. Abgrenzung und Loslösung von den Eltern sind wichtige Aufgaben, die Ausbildung einer autonomen Persönlichkeit das optimale Ergebnis dieser Phase. Das angepasste Kind verwandelt sich in eine Rebellin, einen Rebellen. Erste Vorstellungen davon, das Leben auf eigene Art und Weise zu führen, tauchen auf, und zugleich wird deutlicher, was man einmal erreichen möchte. Damit manifestiert sich der Lebensmythos in vagen Zukunftsbildern oder ersten, meist noch unkonkreten Plänen.

Entscheidung

In die Zeit von 20 bis 30 fallen konkrete Entscheidungen über den beruflichen und sozialen Lebensweg. Der Erwerb beruflicher und sozialer Kompetenz, also Berufsausbildung, selbstbestimmter Kontakt mit anderen und dem anderen Geschlecht, gehören dazu. Die Entscheidungen dieser Dekade beruhen auf den Bildern, die der Lebensmythos dem Einzelnen als erstrebenswert vorstellt. Der Mensch bereitet sich auf die Umsetzung des Lebensmythos vor.

Umsetzung

Zu Beginn der vierten Dekade sind die Grundlagen für die Verwirklichung des Lebensmythos, exakter ausgedrückt: seiner äußeren Bilder, gelegt. Die Wegrichtung ist bekannt, und es kann nun mit der Umsetzung der Lebenspläne begonnen werden. Der Mensch befindet sich auf dem Höhepunkt seiner Schaffenskraft und arbeitet konzentriert auf seine Ziele hin. Er wendet alle Kraft auf, um seine individuelle Welt nach den eigenen Vorstellungen zu gestalten.

Prüfung

Vom 40. Lebensjahr an erfährt das zielgerichtete und bisher wenig hinterfragte Tun eine allmähliche Überprüfung. Die bisherige Lebenserfahrung ermöglicht es, in der Folgezeit Nötig von Unnötig und Sinnvoll von Unsinnig zu unterscheiden. Der Mensch sortiert angesichts allmählich zurückgehender Kräfte unwichtige Lebensziele aus und richtet seine verbleibende Kraft darauf, vermeintlich Unverzichtbares zu erreichen.

Besinnung

Wie schnell sein Leben vergeht wird dem 50-jährigen Menschen recht bald deutlich. Nachdem in der Außenwelt beinah alles erreicht ist, hält er in seinem Schaffen inne und besinnt sich auf die Zustände und Lebensqualitäten, die er erreichen wollte. Er begreift sehr viel klarer, dass zwischen äußerlichen Zielen und inneren Zielen kein zwangsläufiger Zusammenhang besteht und macht sich durch Innenschau bewusst, wozu er etwas haben/erreichen wollte. Dabei erkennt er den Lebensmythos direkter und entwickelt eine neue, dem inneren Ziel entsprechende Lebenshaltung.

Verwandlung

Vom 60. bis zum 70. Lebensjahr spielen die Mühen und Ziele der Vergangenheit keine Rolle mehr. Was früher einmal war oder was andere sagen wird relativ gleichgültig. Der Mensch überschreitet, beschwingt durch seine neue Lebenshaltung, bisherige Grenzen und rundet seine Lebenserfahrung ab. Er erlebt jene Lebensqualität, die ihm sein Lebensmythos einst versprochen hat. Jetzt ist klar, was in diesem Leben noch gelebt werden will. In dieser Phase geschieht der letzte Schritt von Haben zum Sein.

Erfüllung

Ab dem 70. Lebensjahr gibt es nicht mehr viel zu erreichen, zu tun, zu schaffen. Man hat das Leben aus verschiedenen Perspektiven gesehen und erlebt. Man hat Träume verfolgt und sie umgesetzt. Man hat eine neue Lebenshaltung entwickelt und diese ausgelebt. Nun ist die Erfüllung eingetreten. Ein großes Abenteuer bleibt noch.

Leitfiguren

Wie die hier gemachte Einteilung zeigt, gehört zu jeder Lebensphase eine andere Aufgabe und ein auf die Lösung der jeweiligen Aufgabe gerichtetes spezielles Verhalten. Der Mensch ist im Laufe seines Lebens herausgefordert, ständig sein Verhalten, und als Voraussetzung dazu, sein Denken und Fühlen zu prüfen und gegebenenfalls zu verändern. Gelingt ihm dies, verwandelt sich derselbe Mensch in jeder Lebensphase gewissermaßen in einen anderen Menschen. Er wechselt kontinuierlich von einer Identität in eine andere.

Diese Fähigkeit und die innere Bereitschaft zu wiederholtem Identitätswechsel stellen unserer

Meinung nach eine Voraussetzung dar, um schließlich Glück und Erfüllung zu finden. Grundlegende Identitätswandlungen lassen sich sehr effektiv durch Leitfiguren beschreiben. Solche Leitfiguren symbolisieren bestimmte erstrebenswerte menschliche Merkmale und Fähigkeiten; und eine Leitfigur leitet den Menschen, weil sie etwas kann, was er in dieser Lebensphase lernen will oder lernen sollte. An der Leitfigur, ihrem Denken, Fühlen und Handeln, kann der Mensch sich orientieren, beispielsweise indem er in die Haut dieser Figur schlüpft und sich fragt: »Was würde ich als Macher/Verwandelter etc. tun, wie würde ich mich dann verhalten?« Die Aufgabe einer Leitfigur besteht in der Begleitung des Menschen von einer Identität in eine andere.

Betrachten wir die Leitfiguren der einzelnen Lebensphasen. Zuerst erlebt sich der Mensch als *Kind*. Später wird er sich in einen *Rebellen*, dann den *Entscheider*, den *Macher*, den *Prüfer*, den *Besinnenden*, den *Verwandelten* und schließlich und endlich in den *Erfüllten* wandeln. Wir werden diesen Leitfiguren in den einzelnen Kapiteln begegnen.

Nun haben wir die wichtigsten Begriffe beschrieben, welche zum Verständnis und zur Umsetzung des Lebensplanes benötigt werden:

• den Lebensmythos,
• die Lebensphasen und
• die Leitfiguren.

Wenden wir uns jetzt konkret den einzelnen Lebensphasen, ihren Aufgaben und der Schilderung von Beispielen zu.

Die Geburt des Lebensmythos

In den ersten 10 Lebensjahren geschieht die grundsätz-
liche Prägung menschlicher Wahrnehmung, die es dem
Einzelnen ermöglicht, sich in seiner Umwelt zurechtzu-
finden. Die wichtigste Aufgabe dieser Zeit ist die Orien-
tierung, und ihr wichtigstes Ergebnis in Bezug auf den
Lebensplan besteht in der Erfahrung der Einschrän-
kungen, welche durch das konkrete Umfeld und die
persönliche Situation bedingt sind. Diese Einschrän-
kungen lassen den Lebensmythos entstehen.

Der Mensch kommt als relativ unbeschriebenes
Blatt in diese Welt. Was immer er eines Tages über
die Welt, die Menschen und sich selbst wissen und
glauben wird, er findet es nicht vor, sondern muss
es sich mühsam zusammensetzen. Er muss lernen, was die Milliarden Eindrücke um ihn herum
bedeuten, und dazu braucht er viele Jahre. Erst
wenn er die vielfältigen Bedeutungen der wichtigsten Ereignisse, Verhaltensweisen und Zusam-
menhänge ausreichend begriffen hat, kann er sich
in der Welt zurechtfinden.

Ist dies geschehen, kann er sich in der Welt bewegen, aber seine Welt ist nicht identisch mit den
Welten der anderen Menschen. Jeder Mensch er-

fährt die Realität aus einer ganz bestimmten Perspektive und auf eine eigene Weise. Eine für alle gleichermaßen gültige Realität gibt es nicht, vielmehr existieren parallel zueinander unendlich viele Realitäten, die sich mehr oder weniger stark voneinander unterscheiden.

Spricht ein Mensch beispielsweise davon, das Leben wäre hart, während sein Nachbar meint, das Leben wäre leicht, so haben beide Recht. Denn sie nehmen es unterschiedlich wahr und kommen deshalb zu unterschiedlichen Lebenserfahrungen. Die Frage, wie Menschen zu teilweise sehr unterschiedlichen Erfahrungen gelangen, lässt sich relativ leicht beantworten. Durch ihre Interpretationen, also durch die Bedeutung, die sie den Ereignissen und Erlebnissen geben. Durch ihre Deutungen.

Für den einen bedeutet der Verlust des Arbeitsplatzes eine Schande und persönliches Versagen, er steckt den Kopf in den Sand und findet das Leben deprimierend. Ein anderer deutet den gleichen Vorgang als Chance, einen Neubeginn zu wagen, er sucht aktiv, worin dieser Anfang bestehen mag, und findet das Leben spannend. Zwei Menschen, das gleiche Ereignis, und doch zwei ganz verschiedene Wahrnehmungen davon und in der Folge zwei verschiede Lebenserfahrungen, die jeder als Wahrheit begreift.

Das Beispiel zeigt: Was den Verlauf eines Lebens und die Lebenserfahrung wesentlich bestimmt, ist das, was man für wahr hält, und man hält es für wahr, weil man sich seiner Deutungen sicher ist. Wie kann man Deutungen entdecken? Sie zeigen sich in den individuellen Überzeugungen, die ein Mensch entwickelt, beispielsweise in den Überzeugungen, wie das Leben »ist«, wie man selbst »ist« oder wie die Menschen »sind«. Fragen Sie Menschen nach solchen Überzeugungen, und Sie werden überrascht sein, wie unterschiedlich die Ansichten über das scheinbar so gleiche Leben sein können.

Die grundlegenden Überzeugungen bilden sich in den ersten 10 Lebensjahren beinah vollständig aus. Daher kann man von dieser Dekade als der Zeit sprechen, in welcher die wichtigste Prägung geschieht: die Prägung der persönlichen Wahrnehmung und der individuellen Sicht des Lebens.

Prägungen

Die Wahrnehmung ist deshalb so grundlegend, weil der Mensch unbeeindruckt davon, ob sich seine einmal erworbenen Überzeugungen unter den veränderten Umständen des späteren Lebens positiv oder negativ auswirken werden, daran festhalten wird. Er muss sich auf seine Deutungen verlassen, weil er nichts anderes hat, woran er sich zuverlässig orientieren und worauf er aufbauen kann. Man braucht eine strukturierte Wahrnehmung, um sich überhaupt verhalten zu können, und diese Wahrnehmung ist nur sehr schwer und langsam zu verändern.[2]

Es ist dem Menschen zu Beginn seines Lebens auch nicht möglich, seine Wahrnehmung zu wählen, sich beispielsweise vorteilhafte Deutungen zugänglich zu machen. Denn der junge Mensch verfügt ja über keinerlei Orientierung, von der aus er die Vorteile oder Nachteile einer Wahrheit beurteilen könnte. So übernimmt er die Wahrheit aus seiner Umgebung, indem er deren Deutungen übernimmt, und aus seiner persönlichen Erfahrung, die er auf die Welt ausdehnt.

Nun ist, wie schon erwähnt, die individuelle Wahrnehmung nicht zu verwechseln mit »Wahrheit«. Beispielsweise hält sich das sich minderwertig fühlende Kind deshalb zurück, weil es die nachteiligen Folgen eines selbstbewussten Handelns oft zu spüren bekam und nun felsenfest glaubt, aufzufallen oder gar aufzubegehren brächte nur Nachteile mit sich. Das ist seine Wahrheit, seine Burg, in die es sich einschließt und auf seine Weise überlebt. Zwar sieht es um sich herum auch selbstbewusste Menschen, doch das ficht den Glauben an seine eigene Wahrheit nicht an, denn es weiß aus Erfahrung: »Für die anderen mag das gehen, aber für mich nicht. Ich werde auf jeden Fall den Kürzeren ziehen.«

Ein Kind erlebt die Prägung seiner Wahrnehmung als Orientierung, die ihm Sicherheit verleiht, und zwar völlig unabhängig von deren Auswirkungen. Auch das sich minderwertig fühlende Kind findet in seiner Haltung diese Sicherheit zu wissen, was es tun kann und was es lassen muss.

Diese Prägung verleiht der Persönlichkeit natürlich eine gewisse Einseitigkeit. Man lernt etwas gut und etwas anderes schlecht. Das sich minderwertig fühlende Kind beispielsweise kann sich gut zurückhalten, aber schlecht durchsetzen. Ein anderes Kind, nehmen wir an, ein selbstbewusst auftretendes, mag sich zwar gut durchsetzen, aber wiederum schlecht zurückhalten können.

So kann man davon ausgehen, dass jeder Mensch aufgrund seiner frühen Prägungen und Interpretationen in einer sehr individuellen Weise einseitig und eingeschränkt ist. Der Starke hat Probleme damit, schwach zu sein, der Ängstliche kann nicht mutig handeln, der Angepasste kann seine Meinung nicht äußern, der Selbstbewusste kann nicht nachgeben. Jeder ist auf eine andere Weise »unvollständig«. Gleichzeitig begegnen jedem ständig andere Menschen, an denen er das beobachten kann, was ihm verwehrt ist. Diese werden zu Vorbildern.

Die Einseitigkeit der eigenen Wahrheit und zahlreiche Begegnungen mit der Vielseitigkeit der umgebenden Wahrheiten bleiben nicht ohne Wirkung. Sie lassen schließlich die Träume des Kindes entstehen. Da mag das Kind aus armen Verhältnissen mit leuchtenden Augen vor den Auslagen teurer Geschäfte stehen und von solchem Reichtum träumen. »Das«, so lautet ein innerer Entschluss in diesem Augenblick, »werde ich mir eines Tages leisten können. Dann schenke ich meinen Eltern ein Haus.« Ein anderes Kind träumt davon, eines Tages »berühmt« zu werden, möglicherweise weil es zu wenig Beachtung erfährt. Ein drittes will später »Gutes tun«, weil es schmerzliche Erfahrungen macht, oder das Leben später »gerechter« machen, weil es unter Ungerechtigkeiten leidet. Wir werden diesen Kindern im späteren Leben begegnen, wenn sie Unternehmer, Schauspieler, Sozialpädagoge oder Rechtsanwalt geworden sind.

Berufswahl geschieht, wie diese Beispiele zeigen, aufgrund von unbewusst motivierten Kindheitsträumen. In ihren Lebensträumen versuchen Menschen, die Einseitigkeit ihrer Lebenserfahrung zu überwinden; und auf diese Weise geht es darum, auf tieferer Ebene die Begrenzung ihrer Wahrnehmung aufzulösen.

Das innere Drehbuch des Menschen wird in den ersten 10 Jahren geschrieben, und zwar aus einer konkreten, individuellen Lebensgeschichte heraus, und es verfolgt ein überaus wichtiges Ziel: die Vervollständigung der Lebenserfahrung.

Mit der Entstehung des inneren Drehbuchs ist der Lebensmythos des Menschen entstanden. Dieser ist jedoch unbewusst und kann zu diesem Zeitpunkt bestenfalls als Gefühl, als vage Sehnsucht des Kindes beschrieben werden.

Das Innere Kind

Die ersten 10 Lebensjahre, also die Zeit der Prägung, sind für das gesamte Leben des Menschen entscheidend. Und zwar deshalb, weil das Kind dieser Lebensphase im Laufe der Jahre nicht verschwindet. Niemand hört je auf, Kind zu sein. Lediglich verwandelt es sich zum Inneren Kind des späteren Erwachsenen.

Die Art und Weise zu fühlen, zu denken, die Welt zu sehen, zu interpretieren, die Hoffnungen und Ängste, Überzeugungen, Meinungen, Vorlieben und Träume, mit anderen Worten, das gesamte innere Erleben, das alles existiert in Form des Inneren Kindes[3] im Menschen weiter. Daher kann man ohne Übertreibung davon ausgehen, dass dieses Innere Kind wesentlich über den weiteren Lebensverlauf mitbestimmt: zum einen durch die erworbene Wahrnehmung, zum anderen durch die tief verwurzelte Sehnsucht, die den Lebensmythos begründet und unbewusst die Handlungen des Menschen lenkt.

Der Lebensmythos ist zu diesem Zeitpunkt zwar noch nicht formulierbar, aber er ist schon angelegt. Später, wenn die Menschen 40 oder 50 Jahre alt sind, hören wir diese Erwachsenen tatsächlich sagen: »Ich wollte immer schon ...«

VON 10 BIS 20 –
DIE REBELLIN / DER REBELL

Sich nach den Zielen strecken

Vom 10. bis zum 20. Lebensjahr drängt es den Menschen, unabhängiger zu werden. Abgrenzung und Loslösung von den Eltern sind wichtige Aufgaben, die Ausbildung einer autonomen Persönlichkeit das optimale Ergebnis dieser Phase. Das angepasste Kind verwandelt sich in eine Rebellin, einen Rebellen. Erste Vorstellungen davon, das Leben auf eigene Art und Weise zu führen, tauchen auf, und zugleich wird deutlicher, was man einmal erreichen möchte. Damit manifestiert sich der Lebensmythos in vagen Zukunftsbildern oder ersten, meist noch unkonkreten Plänen.

Die erste Lebensphase, die Zeit der Prägung, ist gekennzeichnet von unmittelbarer Abhängigkeit. Der Mensch hat aufgrund dieser Abhängigkeit von Eltern und sozialem Umfeld seine Lebenshaltung teilweise übernommen und teilweise selbst entwickelt, so gut er eben konnte. In der Zeit zwischen dem 10. und 20. Lebensjahr erweitert sich nun seine Perspektive. Der Jugendliche befreit sich Schritt für Schritt aus der ursprünglichen Abhängigkeit und beginnt, sich gegenüber seiner unmittelbaren Umgebung, gegen Eltern und andere Repräsentanten der Ordnung, also gegenüber »den anderen«, abzugrenzen. Er wird im positiven Sinn zum Rebellen.

Diese Abgrenzung und die dadurch gesuchte Unabhängigkeit sind unentbehrliche Voraussetzungen für die Persönlichkeitsentwicklung, und es gibt verschiedene Wege, wie dies geschehen kann. Auf verzögerten, erkämpften oder erworbenen Wegen.

Die verzögerte Unabhängigkeit

Mussten Jugendliche früher beinah grundsätzlich um ihre Unabhängigkeit kämpfen, weil ihre persönliche Entfaltung im Rahmen gesellschaftlicher Regeln unterdrückt wurde, erfahren heutige Jugendliche nicht selten das Gegenteil von Unterdrückung, nämlich eine ausgeprägte Überbehütung. Diesen Kindern wird jede Anstrengung abgenommen, und sie bleiben von Forderungen und Pflichten weitgehend verschont.

Mutter fährt sie tagtäglich zur Schule, und Vater versorgt sie mit Handy und reichlich Taschengeld. Sie müssen den Küchentisch nie abräumen und verlangen mit 16 noch ganz selbstverständlich: »Mutter, schmier mir ein Brot!« Diese Überbehüteten lernen zu klagen und zu fordern, aber sie lernen nicht, sich einzusetzen und anzustrengen.

Beste Voraussetzungen für derartige Überbehütung sind beispielsweise gegeben, wenn die Kinder den vorwiegenden Lebensinhalt einer Mutter darstellen und der Vater sich von der Erziehung fernhält. Mutter will die Kinder so lange als möglich an sich binden und hält sie dazu in Watte gehüllter Abhängigkeit. Sie tut alles für sie, und daher müssen und können diese kaum etwas für sich selbst tun. Und schon gar nicht sind sie gezwungen, gegen die Eltern aufzubegehren, auch das wird ihnen tragischerweise erspart. Sie leben im »Hotel Mama«, in einem entmündigendem Schlaraffenland.

In diesen Fällen begegnet man oft Vätern und Müttern, die unter den autoritären Umgangsformen ihrer Eltern gelitten haben und die ihren Kindern solche Härten ersparen wollen. Dann schlägt das Pendel in die Gegenrichtung aus. Aus Angst, die Persönlichkeit der Kinder einzuschränken, wird ihnen beinahe alles erlaubt und nahezu nichts verboten. Diese Kinder werden egozentrisch und lernen weder, sich zu streiten und zu einigen, noch andere Menschen anzuerkennen und auch nicht, sich für eigene Ziele einzusetzen, oder zumindest lernen sie es zu wenig. Unter anderem sind fehlende Auseinandersetzungsfähigkeit, Beziehungslosigkeit und Antriebsschwäche das Ergebnis derartiger Überbehütung, die sicher gut gemeint war, sich aber nicht unbedingt gut auswirkt.

Überbehütete Jugendliche konsumieren vorwiegend und bleiben dabei untergründig doch unzufrieden. Sie bleiben in der psychischen Abhängigkeit von den Eltern stecken und entwickeln zu wenig Identität. Identität ist ja Abgrenzung, und die fehlt ihnen. Nichts ist wirklich »ihres«, nichts ist etwas »Eigenes«, und daher fehlen sie »sich selbst«.

In Bezug auf den Lebensmythos tragen diese Jugendlichen an einer weiteren Konsequenz. Weil ihnen die Motivation zur Abgrenzung fehlt, können sie eigene Ziele nur schwer oder nicht identifizieren. Sie sind versucht, Ziele von anderen zu übernehmen und damit ihren Lebensmythos zu verfehlen. Diese Jugendlichen werden die Aufgabe der Abgrenzung später nachholen müssen. Erst dann werden sie Lebensziele als eigene, selbstgewählte Ziele begreifen und sich dafür einsetzen können. Manchmal kann das bis zum 30. Lebensjahr oder länger dauern.

Die erkämpfte Unabhängigkeit

Das Gegenteil einer Überbehütung erfahren Jugendliche, denen zuviel Vorschriften gemacht werden oder die sich gegen Eingriffe in Persönlichstes wehren müssen. Ihnen wird nicht nur Verhalten, sondern auch Denken oder sogar Fühlen vorgeschrieben. Nicht selten entwickeln sie sich daher zum Gegner ihrer Umgebung.

Der Erwerb der eigenen Identität vollzieht sich beim Gegner vorwiegend im Kampf und in der negativen Abgrenzung: »Ich« als das Gegenteil von »Euch«. Sind die Eltern ordentlich, werden diese Jugendlichen schlampig. Halten die Eltern Zielstrebigkeit hoch, werden sie mit Gleichgültigkeit reagieren. Hauptsache »dagegen«.

Der Gegner erscheint seiner Umgebung als Ich-starke, unabhängige Persönlichkeit. Dies ist jedoch nur bedingt der Fall, denn seine Identität ist eigentlich mehr »gegen« als »eigen«. Auch seine Lebenspläne erscheinen relativ klar und eindeutig, doch sind auch diese mehr »gegen« als »für«. Daher wird auch der Gegner in späteren Phasen eine unabhängige Persönlichkeit entwickeln müssen und dann erst in der Lage sein, frei von zwanghafter Auflehnung seinen Lebensmythos anzusteuern und echte eigene Ziele zu verfolgen.

Die erworbene Unabhängigkeit

Idealerweise bildet sich eine unabhängige Persönlichkeit weder im Klima der Überbehütung noch im Kampf, sondern in der Auseinandersetzung.

Dies wird der Fall sein, wenn die Eltern das Kind und seine Interessen zwar anerkennen, ihre eigenen Standpunkte aber auch dagegenhalten. Dadurch wird dem Jugendlichen weder etwas weggenommen wie dem Überbehüteten noch etwas verbaut wie dem Gegner. Die Loslösung wird ihm nicht erspart und auch nicht unmöglich gemacht. Vielmehr muss er seine Identität erwerben. Dieser Jugendliche entwickelt sich zum Rebellen, der die Auseinandersetzung mit der Umgebung sucht und auf für ihn förderliche Weise besteht.

Ein Beispiel einer solchen rebellischen Jugendlichen, die in Auseinandersetzungen reift, gibt der folgende Brief, der uns von der 17-jährigen Tochter einer Bekannten erreichte:

»Ich bin vor ungefähr einem Jahr von zu Hause ausgezogen. Zum einen hatte ich einen sehr langen Schulweg. Dann habe ich mich zu der Zeit fast jeden Tag mit Mama und ihrem Freund gestritten. Als Mama dann noch von hier wegziehen wollte, ist mir alles zuviel geworden. Ich wollte auf meiner Schule und bei meinen Freunden bleiben. Mein einziges Ziel war nun: Bloß raus hier! Nach einem halben Jahr ›Elternbearbeitung‹ hatte ich Mama dann soweit. Die Sache hatte nur einen Haken. Ich musste mein Pferd verkaufen. Das fiel mir sehr schwer, aber es ging nicht anders. Ich nahm mir eine $1^1/_2$-Zimmer-Wohnung. Für Mama war es anfangs sehr schwer, und ihr fällt es noch heute schwer, mich zu lassen. Ihr kennt ja meine Mama. Das Geld ist schon knapp, aber das ist es mir wert. In der Schule muss ich mich jetzt wirklich zusammenreißen, damit ich in zwei Jahren das Abitur habe. Was ich dann mache, weiß ich noch nicht, auf jeden Fall will ich studieren und später mein eigenes Geld verdienen. Ja, und dann ist da noch die Liebe. Ich muss ehrlich sagen, es hat so seine Zeit gedauert, bis ich glücklich geworden bin. Ich war den Sommer über mit einem Jungen zusammen, doch es hat nicht geklappt. Er konnte sich nicht zwischen mir und einer anderen entscheiden. Ich brach das dann ab, so schwer es mir auch gefallen ist. Jetzt bin ich seit einem halben Jahr mit meinem neuen Freund zusammen.«

Dieses 17-jährige Mädchen hat eigene Ziele definiert, diese verfolgt, hat sich als Rebellin gezeigt und ihre Ziele in der »Elternbearbeitung«, in der

Auseinandersetzung mit der Mutter, auch durchgesetzt. Sie nimmt sich eine Wohnung und löst sich sogar von ihrem Pferd, das sie durch ihre Jugend begleitete. Diese Lösung stellt einen Abschied von der Jugend dar und kann durchaus als zeitgemäße Initiation begriffen werden, als freiwillig gezahlter Preis für Unabhängigkeit und Eigenständigkeit.

In dieser wertvollen, weil errungenen Unabhängigkeit begreift sie die Schule und das Abitur nicht länger als auferlegte, sondern als selbst gesteckte Ziele. Zudem hat sie die Auseinandersetzung mit dem anderen Geschlecht begonnen. Statt über den Geldmangel in ihrer Situation zu klagen, sagt sie, dies sei es ihr wert. Sie ist auf dem besten Weg, ihre Persönlichkeit und ihr Gefühl für sich selbst zu entwickeln.

Wovon wird sie bei diesen Überlegungen und Handlungen geleitet? Ohne es zu wissen folgt sie ihrem Lebensmythos, der sich andeutungsweise zeigt. Die Jugendliche hat den Vorsatz, man kann sagen: den Plan gefasst, das Abitur zu machen und zu studieren. Sie sagt, sie wolle auf jeden Fall studieren und dann ihr eigenes Geld verdienen.

Unschwer ist für uns, die wir die Lebensgeschichte dieses Mädchens kennen, der Ursprung ihres Lebenstraumes zu erkennen. Das Kind musste erleben, wie die Mutter vom Vater verlassen wurde und aufgrund materieller Abhängigkeit arg ins Schleudern geriet. Dies, und das hat das Kind bereits als Fünfjährige »entschieden«, wird ihm ganz bestimmt nicht passieren: »Wenn ich einmal groß bin, dann werde ich mein eigenes Geld verdienen!«

»Wenn ich groß bin, dann werde ich eine Familie haben.« – »Wenn ich einmal reich bin, dann …« – »Wenn ich einmal berühmt bin, dann …« Was wird dann sein? Dann werden alle Sorgen vorbei sein, dann werde ich glücklich sein. Dann wird mein Leben erfüllt sein.

Wenn … dann – diese Worte enthält jeder Lebenstraum. Er wird als Lebensmythos bezeichnet, weil die Vorstellung ein Versprechen transportiert. Ein gewaltiges Versprechen, das nicht weniger als das komplette Glück, also den perfekten Lebenszustand, verheißt. Durch diese Verheißung wird der Traum zum Mythos. Der Jugendliche kann ja gar nicht wissen, wie es tatsächlich sein wird, später eigenes Geld zu verdienen, reich, berühmt, mächtig oder sozial tätig zu sein. Er kann nur daran glauben, dass sein Glück in diesen auf das äußerliche Leben bezogenen Dingen und Plänen liegt. Und daran glaubt der Rebell, ganz egal, was ihm die anderen, die vorgeben, das Leben zu kennen, auch sagen werden.

Weil er sich auf Dinge bezieht, sprechen wir vom Lebensmythos als einem äußeren Traum und von seinen Inhalten als äußeren Dingen. Der Lebensmythos präsentiert sich in dieser Lebensphase als vage Vorstellung vom *Haben* und *Erreichen*. Einen bestimmten Beruf, eine Familie, ein Haus, Titel oder Besitztümer, solche Dinge will der Jugendliche einmal haben. Er beginnt zu erkennen, *was* er will, aber noch längst nicht, *wozu* er dies will. Zum jetzigen Zeitpunkt werden ihm lediglich die äußerlichen, faszinierenden Bilder und Absichten bewusst, denn der Lebensmythos hat dafür gesorgt, dass innere Sehnsüchte sich mit äußeren Dingen verknüpfen. Der Rebell findet etwas »klasse«, und dies hat eine gänzlich individuelle Bedeutung, unabhängig davon, was es für Eltern und andere darstellen mag.

Das Unbewusste ist auf die Verknüpfung mit äußeren Dingen angewiesen, weil es dem Menschen nicht unmittelbar mitteilen kann, was es anstrebt. Es kann nicht sagen: »Geh und suche Glück!« Damit könnte der Mensch nichts anfangen, weil er nicht weiß, wie er das tun soll. Das Unbewusste kann ihm jedoch suggerieren: »Ein Haus, das ist Glück.« oder »Ein Ehepartner, das ist Erfüllung.« Es nutzt also seine Fähigkeit, Bilder und Träume zu erzeugen, um die Handlungen des Menschen auf das innere Ziel hin zu lenken.

Auf solche Weise wird beispielsweise Geld zum Symbol für »sicher sein«, ein großes Auto zum Symbol für »bedeutend sein« oder ein Titel zum Symbol für »geachtet sein«. Hinter dem äußerlichen Symbol verbirgt sich ein Zustand, ein Lebensgefühl, das man einmal erreichen will – *eben genau das Lebensgefühl, das in der Zeit der Prägung vermisst wurde.* Jedes äußerliche Ziel trägt demnach eine ganz spezielle, auf das Individuum zugeschnittene und vorläufig noch geheime innere Bedeutung.

Hat die Verknüpfung von innerlich gesuchtem Lebenszustand und äußerlichen Symbolen stattgefunden, erscheint das zur äußeren Welt gehörende Symbol unendlich faszinierend. Man kann sagen, das Symbol ergreift Besitz vom Menschen. Der Einzelne ist von nun an zutiefst davon überzeugt, dass, hat er die Bilder seines Lebensmythos eines Tages verwirklicht, jede Einschränkung und Einseitigkeit aufgehoben und sein Leben erfüllt sein wird.

Naturgemäß unterscheidet sich der Lebensmythos eines Jugendlichen von den Vorstellungen der Eltern, und es ist Aufgabe des Rebellen, die Forderungen der Eltern abzuwehren und eigene Positionen zu vertreten. Dazu ist die Leitfigur des Rebellen nötig; sie wird vom Jugendlichen gebraucht.

Indem er nun erste Bilder ins Auge fasst und erste Pläne schmiedet, streckt sich der Mensch am Ende dieser zweiten Dekade nach seinen Lebenszielen. Er tut dies – ist die Lösung von den Eltern und der Umgebung hinreichend gelungen – als Rebell, unabhängig von vorgegebenen Wegen, fertigen Ratschlägen oder vorgefundenen Ordnungen. Somit geht er erste konkrete Schritte auf dem Weg der Verwirklichung seines individuellen Lebensmythos.

Der Rebell ist aufgebrochen mit dem Vorsatz: »Ich werde ein Leben nach meinen eigenen Vorstellungen führen!«

Der Aufbruch in die Welt

In die Zeit von 20 bis 30 fallen konkrete Entscheidungen über den beruflichen und sozialen Lebensweg. Der Erwerb beruflicher und sozialer Kompetenz, also Berufsausbildung, selbstbestimmter Kontakt mit anderen und dem anderen Geschlecht, gehören dazu. Die Entscheidungen dieser Dekade beruhen auf den äußeren Bildern, die der Lebensmythos dem Einzelnen als erstrebenswert vorstellt. Der Mensch bereitet sich auf die Umsetzung des Lebensmythos vor.

In der zweiten Dekade hat sich der Mensch nach seinen Zielen gestreckt und ist von Zuhause aufgebrochen. Somit kennt er die ungefähre Richtung, in die er sich bewegen möchte, er hat ein unbestimmtes Gefühl davon, wohin die Reise gehen soll, und eine Ahnung oder bereits erste konkrete Pläne, was er einmal *haben* und *erreichen* will.

Dennoch kann er seine Ziele noch nicht direkt anstreben. Dazu fehlen ihm etliche Voraussetzungen, die er durch Ausbildung und Lernen erst einmal schaffen muss. Es gilt, berufliche und soziale Fertigkeiten auszubilden, um am Ende dieser Phase bereit für große und wahre Heldentaten zu sein. Der Held befindet sich sozusagen in Ausbildung.

Die Aufgabe »Erfüllung des Lebens« lässt sich sehr plastisch als eine Heldenaufgabe beschreiben. Helden, jene Hauptfiguren unserer Mythen, werden zu solchen, indem sie Menschen- oder Menschheitsträume verwirklichen. Solche wie Reichtum, Glück oder Weisheit. Neben den Helden der Gesellschaft gibt es noch den Helden des eigenen Lebens. Zu dieser Art Held wird, wer seinen individuellen Lebensmythos erfüllt.

Alle Helden durchleben nach ihrem Aufbruch Zeiten des Lernens und der Bewährung. Bevor der Held in der Lage sein wird, dem Drachen zu begegnen und ihn zu töten, bevor er sein Traumziel in den Händen halten kann, stolpert er in allerlei kleine und große Fallen, besiegt erste Gegner und erfährt dabei Unterstützung von hilfreichen Geistern oder anderen Verbündeten. Bevor sein eigentliches Abenteuer beginnt, besteht auch der junge Mensch eine Reihe von Bewährungsproben.

Seine momentane Aufgabe besteht darin, die noch recht wackelige eigene Identität zu festigen. Gerade aus dem Elternhaus aufgebrochen, bewegt er sich noch recht verunsichert in der Welt und ist auf Versuch und Irrtum angewiesen, um die Richtung seiner Handlungen zu finden. Er mag zwar ungefähr wissen, *was* er tun will, aber er weiß noch nicht *wie*. In diesen Situationen wird er herausgefordert, Entscheider zu werden und individuell Wichtiges von Unnötigem zu trennen.

Ein praktisches Beispiel hierzu gibt eine 22-jährige Steuergehilfin. Die junge Frau lebt in einer Kleinstadt nahe bei den Eltern. Ihre Arbeit macht sie halbherzig, und der im Grunde von den Eltern übernommene Plan, später einmal Steuerberaterin zu werden, begeistert sie nicht sonderlich. Sie möchte »raus, irgendwas Eigenes machen« und träumt von der großen Stadt, denn sie möchte nicht »im Büro versauern«.

Da ihre Ziele noch sehr unkonkret sind, braucht die Frau einen Umgebungswechsel, braucht Anregungen und Chancen, welche der ländliche Raum ihr kaum bieten wird. Nur, wie entscheidet man sich, wenn man sich Veränderungen nicht recht zutraut? Wie entscheidet man sich, wenn das Motiv zu vage und der Antrieb schwach ist? Da hilft mitunter die Liebe. »Zufällig« lernt sie einen jungen Mann kennen, einen Künstler, der so gar nicht zu ihrem bisherigen Leben passt und der auch noch in der Großstadt lebt. Sie verliebt sich und hat nun genügend Schwung, Entscheidungen zu treffen – und zieht zum neuen Freund in die Stadt.

Die Zeit der Entscheidungen ist damit nicht abgeschlossen, denn die Beziehung erweist sich als nicht einfach. »Ich habe mich an ihn geklammert. Schließlich habe ich mich ähnlich abhängig von ihm gefühlt wie davor von meinen Eltern.« Die junge Frau trifft nun eine weitere Entscheidung und nimmt sich mit 24 eine eigene Wohnung. Inzwischen sieht sie auch deutlicher, in welche Richtung sie sich beruflich bewegen will. Sie greift eine Vorliebe aus den Tagen ihrer Kindheit auf: Sie nimmt Gesangsunterricht und singt in einer kleinen Band.

Ermutigt durch positive Rückmeldung trifft sie nun die nächste wichtige Entscheidung. Sie gibt den Plan auf, durch Fortbildungen zur Steuerberaterin aufzusteigen, und meldet sich stattdessen auf einer Schauspielschule an. Da sie nebenbei durch Jobs ihr eigenes Geld verdienen muss, dauert es einige Jahre, bis sie diese Ausbildung abgeschlossen hat. Mit 28 Jahren erhält sie erste kleine Engagements. Kurz vor Eintritt in die vierte Dekade ihres Lebens kann sie ihre Karriere beginnen.

Sich aus gewohnten und sicheren Lebens- und Denkstrukturen zu lösen, eigenverantwortlich zu entscheiden und zu handeln, Erfahrungen zu machen, das gehört zu den Aufgaben des Entscheiders, der Leitfigur durch die dritte Lebensphase. Noch wichtiger, als so genannte richtige Entscheidungen zu treffen, ist es dabei, *eigene* Entscheidungen zu treffen. Diese müssen keineswegs endgültig sein, wie das Beispiel eines jungen Mannes zeigt.

Dieser hat sich als 20-Jähriger entschieden, Tiermedizin zu studieren. Doch er ist unzufrieden mit dem Studium, und seine Leistungen sind dementsprechend. Mit 21 bricht er sein Studium ab und entschließt sich nun, Hufschmied zu werden. Er möchte »etwas mit den Händen tun« und ist bereit, dafür den langen Ausbildungsweg zum Hufschmied in Kauf zu nehmen. Er weiß auch, dass dies wegen der starken körperlichen Belastungen für ihn »kein Beruf für immer« sein wird. Mit 27 hat er sein berufliches Ziel erreicht und kann nun selbständig als Schmied arbeiten. Zugleich sagt er »Wenn ich das nicht mehr tun will, dann lerne ich eben etwas Neues.« Der junge Mann ist Entscheider im Wortsinn geworden.

Die dritte Dekade dient dem jungen Menschen vor allem zur Orientierung in der Welt. Er kann in dieser Phase herausfinden, was sich in der praktischen Erfahrung bewährt. Möglicherweise erschien ein bestimmter Beruf interessant, aber er stellt sich als langweilig heraus. Noch ist genügend Zeit, Richtungsänderungen vorzunehmen. Er kann ausprobieren, Reisen unternehmen, in

Auslandsaufenthalten Erfahrungen und Einblicke sammeln und so nach und nach Klarheit über den eigenen Weg gewinnen.

Auch im Verhältnis zu Menschen wird in dieser Phase experimentiert. Der Freundeskreis, der nun das Elternhaus endgültig als sozialen Bezugsrahmen abgelöst hat, bietet genügend Unterstützung und Gelegenheit, sich im sozialen Raum zu bewähren. Auch in Bezug auf das andere Geschlecht wird ausprobiert. Sich verlieben, sich auseinander setzen, sich trennen, Grenzen ziehen, Erwartungen vertreten, Liebesdramen in positiver und negativer Hinsicht sind wichtige Erfahrungen und festigen die Entscheidungskraft für das, was dem Beziehungsneuling entspricht.

So kristallisiert sich in den Entscheidungen und Experimenten der dritten Dekade allmählich heraus, worauf der Mensch in der nächsten Lebensphase zugehen will und was sich anzupacken lohnen wird.

Von 30 bis 40 –
Die Macherin / Der Macher

Die Zeit des Machens

Zu Beginn der vierten Dekade sind die Grundlagen für die Verwirklichung des Lebensmythos, exakter ausgedrückt: seiner äußeren Bilder, gelegt. Die Wegrichtung ist bekannt, und es kann nun mit der Umsetzung der Lebenspläne begonnen werden. Der Mensch befindet sich auf dem Höhepunkt seiner Schaffenskraft und arbeitet konzentriert auf seine Ziele hin. Er wendet alle Kraft auf, um seine individuelle Welt nach den eigenen Vorstellungen zu gestalten.

War der Mensch bisher Entscheider und befand sich gewissermaßen in Vorbereitung, ist jetzt die Zeit zielstrebiger Umsetzung des Lebensmythos gekommen. Er verwandelt sich in den Macher. Dieser Leitfigur des Machers geht es nicht darum, wie der Name nahelegen könnte, irgendetwas Beliebiges zu machen. Es geht darum, das individuell Richtige zu machen. Da sich der Lebensmythos bisher in faszinierenden Bildern und überzeugenden Plänen zeigt und seine innere Botschaft noch verborgen bleibt, geht es darum, genau diese äußeren Absichten umzusetzen.

Dazu braucht es Mut. Denn gerade weil er individuelle und nicht vorgegebene Ziele anstrebt, betritt der Mensch sozusagen persönliches Neuland und damit einen noch relativ unsicheren Bereich. In den nun folgenden Jahren wird der Macher manches Mal versucht sein, seine individuellen Ziele aufzugeben und sich den Ratschlägen oder Lebensmodellen anderer anzupassen. Er wird der Gefahr begegnen, sich selbst zu verraten, indem er auf »die Anderen« hört. Der Macher hat also keinesfalls »freie Fahrt«, sondern muss sich seinen Handlungsraum immer wieder erringen.

»Die Anderen« stellen sich auf zweierlei Weise in den Weg des Machers. Zum einen als von außen kommende Ängste in Form realer Personen, die Druck ausüben oder kritisieren, als Chefs, Freunde, Partner oder Gegner. Zum anderen von innen kommend als verinnerlichte Ängste und Hemmungen.

Solche äußerlichen oder innerlichen Angst-Gestalten reden dem Macher ein: »Lass es sein!« – »Du wirst versagen!« – »Wage nicht zuviel!« – »Besser den Spatz in der Hand als die Taube auf dem Dach!« und andere Beschwörungen. Die Botschaften »der Anderen«, gleich ob von außen kommend oder verinnerlicht, laufen immer auf Anpassung hinaus. Dem Sicheren und Gewohnten soll die Individualität geopfert werden. In den Mythen werden solche Hindernisse als Dämonen bezeichnet, als Gegenspieler der Helden. Ihnen muss der Held sich stellen, und er muss sie besiegen, indem er trotz Zweifel und Hemmung seine Ziele verfolgt.

Sie kennen sicher den Film *Ein Schweinchen namens Babe*. Der Held dieses Films will mit seinem Schweinchen den Hütewettbewerb für Hunde gewinnen. Dies ist ein wundervolles Bild für den individuellen Charakter einer Aufgabe. Alle anderen kommen mit den tollsten Hunden, er aber kommt mit einem Schwein! Der Held muss nun trotz aller Rückschläge und Hindernisse, die ihm andere in den Weg legen, an die Fähigkeiten seines Schweinchens glauben. Er lässt sich auch nicht von der Möglichkeit abhalten, den Wettbewerb zu verlieren und sich lächerlich zu machen. Schließlich besiegt er alle inneren und äußeren Widerstände und wird so zum Helden – weil er macht, woran er glaubt.

Gerade in der Phase zwischen 30 und 40, in welcher sich der Mensch viel vorgenommen hat, ringen Mut und Angst, Hoffnung und Resignation in seinem Inneren um die Vorherrschaft. Sollen die Lebensträume jedoch verwirklicht werden, muss die gestaltende Seite, der Macher, die Oberhand behalten. Setzen sich die bewahrenden Kräfte durch, also »die Anderen«, wird der Mensch auf einige oder sogar auf viele seiner Ziele verzichten und sein Leben wird entsprechend unerfüllt sein.

So gibt es für den Macher etliche Herausforderungen, denen er sich stellen, und etliche Auseinandersetzungen, die er bestehen muss. Wir werden im Folgenden einige solcher Situationen in konkreten Beispielen schildern.

Etwas wagen

Ein 31-Jähriger hat gerade das Studium der Betriebswirtschaft beendet. Sein Vater will ihn in sein Unternehmen aufnehmen. Der junge Mann aber zögert: »Am liebsten würde ich in eine andere Stadt gehen und ganz alleine etwas aufbauen. Natürlich wäre es einfacher, bei meinem Vater einzusteigen. Aber das ist, als ob ich mich in ein gemachtes Bett lege. Ich werde meinen Vater bestimmt enttäuschen, wenn ich sein Angebot ablehne, aber als seine rechte Hand käme ich mir vor wie ein Hund an der Leine, auch wenn die Leine lang sein mag.«

Der Mann träumt vom Aufbau einer eigenen Firma. Seine Freunde wollen ihm einreden, es sei dumm oder verrückt, solch einen Umweg zu machen; er könne mehr Geld mit weniger Mühe verdienen, wenn er die Hand ergreife, die sein Vater ihm reiche. »Andere wären froh über so eine Chance!« – »Du darfst diese Gelegenheit nicht einfach wegwerfen!« Mit solchen Argumenten versuchen sie, ihn von seinem angeblichen »Spleen« abzubringen und ihn auf Nummer sicher gehen zu lassen.

Das Unken der anderen stürzt den jungen Mann tatsächlich in Zweifel, kann aber seine Träume nicht vertreiben. Die Faszination des Zieles »Eine eigene Firma aufbauen« bleibt erhalten. Also entschließt sich der Mann, ein klärendes Gespräch mit seinem Vater zu führen. Weil dieser sich als harter Brocken erweist, wird aus dem geplanten Gespräch eine sechsmonatige Auseinandersetzung. Schließlich gibt der Vater nach und lässt den jungen Helden ziehen. Der geht in eine andere Stadt und startet seine Vorhaben. Er nimmt nicht einmal das angebotene Geld seines Vaters in Anspruch.

Worum geht es ihm? Der Mann ist auf der Suche nach seinem Wert, exakter seinem Selbstwert. Er will aus dem Schatten des Vaters heraustreten und sich beweisen. Sein Ziel ist wahrhaft ein individuelles. Wichtiger als Geld oder Ansehen ist ihm die Erfahrung der Eigenständigkeit. Selbst wenn seine Pläne nicht von äußerem Erfolg gekrönt sein sollten, so wird er doch stolz darauf sein können, seinen Weg gegangen zu sein, einen Weg, der Mut und die Bereitschaft zum Risiko erfordert.

Durchhalten

Den Schritt in die geschäftliche Selbständigkeit hat eine Frau bereits vor Jahren getan. Bisher lief es für die 36-jährige Grafikern auch recht gut. Dann aber bricht ihr wichtigster Kunde weg und sie gerät in eine Existenzkrise. Angst und Panik brechen aus, und Bedenken stellen sich der Macherin in Form innerer Stimmen in den Weg: »Ich habe dir ja gleich gesagt, dass es nicht klappen kann!« – »Wärst du bei deinem Job in der Agentur geblieben!« – »Nun such dir schnell eine Anstellung!«

Hin und her gerissen fragt sich die Frau, was sie nun tun soll. Weitermachen oder aufgeben? Aufgeben würde einem Scheitern entsprechen. »Mein Traum ist die Selbständigkeit, aber es ist verdammt schwer durchzuhalten«, sagt sie, und: »Ich bin wirklich am Zweifeln, was ich tun soll!«

Hier ringen Heldin und Dämonen miteinander.

Solche Krisen sind die großen Herausforderungen der Leitfigur »Macherin«, und in solchen Phasen entscheidet sich nicht selten der Verlauf des zukünftigen Lebens. Die Macherin unseres Beispiel ist herausgefordert, Lösungen zu finden. Das gelingt der Frau auch.

Um finanziell nicht völlig einzubrechen, nimmt sie eine Teilzeitarbeit in einer Agentur an, aber nur vorübergehend. Nach einigen Monaten ist alles wieder klar, denn: »Mit einem Chef vor der Nase kann ich mich nicht verwirklichen, da ist mein Herz nicht in der Arbeit. Ich werde wieder alle Kraft in meine Selbständigkeit stecken. Es wird bestimmt nicht einfach sein, aber ich mache es trotz meiner Angst. Ich werde es schaffen!« So spricht die echte Macherin, die Leitfigur, die alles in ihren Kräften Stehende tun wird, um ihre Ziele umzusetzen.

Vom Mann unabhängig

Die Situation der Macherin unterscheidet sich in mancher Hinsicht von der des Machers. Frauen bringen beim Start ins eigenständige Leben andere Voraussetzungen mit als Männer, denn Familie und Gesellschaft geben ihnen spezifische Botschaften mit auf den Lebensweg. Die wichtigste dieser Botschaften an die Frau lautet: »Du musst einen haben!« Einen Mann! Wozu? Um zu überleben!

Diese Botschaft stammt – leicht ersichtlich – aus grauer Vorzeit, aber solche gesellschaftlichen Überzeugungen brauchen viele Generationen, um aus dem Denken und Fühlen der Menschen zu verschwinden. So kann man davon ausgehen, dass auch heute noch jede Frau diese Botschaft aufgenommen hat und ihr zwei Alternativen bleiben. Entweder sie glaubt daran und bemüht sich um den Mann[4] oder sie wehrt sich dagegen und will beweisen, dass sie es alleine schafft.

Übernimmt die Frau unbewusst die Botschaft »Du musst einen haben!«, macht sie den Mann gewissermaßen zum Zentrum ihres Lebens. Dann dreht sich mehr oder weniger alles um seine Liebe und Aufmerksamkeit, weil sie nur dann als Frau vollständig erscheint, wenn sie »einen« hat. In der Partnerschaft können wir dann eine bemühte, für die Beziehung arbeitende Frau beobachten. Diese erfährt Sicherheit und Selbstbestätigung, solange der Mann sich ihr zuwendet. Um dies zu erreichen, führt sie nächtelange Beziehungsgespräche, hört sich geduldig Sorgen und Ängste des Mannes an und verzichtet weitgehend oder tcilweise auf ein eigenes Leben – der Beziehung zuliebe. Natürlich sind Sicherheit und Selbstwert, die von der Aufmerksamkeit eines Mannes abhängen, nur scheinbare Sicherheit. Denn jederzeit droht die Gefahr, dieses künstliche Zentrum zu verlieren und dann mit dem Gefühl der Leere und Unvollständigkeit konfrontiert zu sein.

So besteht die Aufgabe jeder Frau, die sich selbst treu sein will darin, herauszufinden, wer sie unabhängig vom Mann ist. Wir meinen damit nicht, eine Frau sollte auf Beziehung und Männer verzichten und alleine leben. Viele Frauen können das gut. Wirkliche Unabhängigkeit zeigt sich *in* der Beziehung. Es kommt darauf an, den Mann in ihr Leben einzubeziehen, aber nicht, ihn in dessen Zentrum zu setzen. Dann verfolgt die Frau eigene Träume und ein eigenes Leben und ist daher nicht auf ständige Liebesbeweise angewiesen. Sie weiß tief drinnen, dass sie auch »ohne einen« (und das heißt konkret immer: ohne *diesen* einen) zurechtkommen würde.

Beispiel hierfür ist eine 34-jährige Frau, die es nach drei Jahren leid ist, auf ein Entgegenkommen ihres Freundes zu warten. Sie hat recht klare Partnerschaftsvorstellungen und will mit einem Mann zusammen leben, zusammen wohnen und eine Familie gründen. Er aber kann sich zu diesem

Schritt nicht entschließen. Anstatt ihn zu kritisieren oder ihn zu manipulieren realisiert sie die unterschiedlichen Lebensentwürfe und entscheidet sich, ihn trotz der vorhandenen Liebe zu verlassen. Sie begreift, dass sie ihre Ziele mit diesem Mann nicht erreichen wird und entscheidet sich konsequent für ihren Lebenstraum. In dieser Handlung ist sie Macherin ihres Beziehungslebens und folgt den Spuren ihrer Träume, welche den Weg zum Lebensmythos weisen.

Außer auf die Beziehungswelt hat die Botschaft »Du musst einen haben!« auf einen zweiten Lebensbereich Auswirkungen – auf den Arbeitsbereich. Selbstverständlich erlernt heute jede Frau einen Beruf. Nachdem sie sich aber 10 oder 15 Jahre in der Männerwelt behauptet haben, wissen Frauen um die Mühen und Schwierigkeiten dieses Feldes. Nicht wenige suchen dann nach einem Ausweg.

Solch ein Ausweg ist vorhanden. Frauen haben in ihrem Entwurf des Arbeitslebens einen Notausgang, auf dem »Mann« oder »Beziehung« oder »Familie« steht. Männer verfügen in ihrer Vorstellung nicht über einen solchen Rettungsweg. Ihr Schicksal ist es, sich in der Arbeitswelt zu behaupten und durchzuschlagen. Während Männer in schwierigen Zeiten »die Zähne zusammenbeißen« und ihrer Botschaft »Du musst stark sein!« folgen, tendieren Frauen manchmal dazu, den Notausgang zu nehmen.

Die Frau folgt dann der Hoffnung: »Wenn ich einen habe, wird er für mich sorgen.« Damit hält der Traum vom Prinzen und der Erlösung durch ihn Einzug in die Arbeitswelt. Nicht wenige Frauen warten, bis »er« aufgetaucht ist, um dann in das Familienleben einzutauchen. Entweder wollen sie Kinder und suchen den Mann dazu oder sie suchen einen Mann, der ein Kind mit ihnen haben möchte. Sie laufen dabei Gefahr, sich von Ängsten leiten zu lassen und als Macherin, also Gestalterin des Lebensmythos, aufzugeben.

Beispiel hierfür ist eine 31-jährige Frau. Sie empfindet nach ihrem Studium und einigen Berufsjahren periodisch wenig Perspektive und Sinn. Ihr fällt auf: »Immer dann, wenn es mir nicht gut geht, vor allem, wenn ich mich beruflich auf dem Trockenen befinde, wünsche ich mir ein Kind – und suche nach einem Mann dafür. Aber wenn ich dann aus dem Tal raus bin, bin ich froh, keines zu haben und unabhängig zu sein. Es ist so, als ob mich das Kind auffüllen, mir Sinn verschaffen und die Familie mir ein Zuhause und Geborgenheit geben soll.«

Gleichzeitig reden ihre Verwandten auf sie ein, endlich für Nachwuchs zu sorgen. Nun ringen für einige Wochen der Wille, den eigenen Weg zu gehen und die Verlockungen vermeintlicher Bequemlichkeit miteinander. Doch die Frau entscheidet sich, zumindest zu diesem Zeitpunkt, gegen ein Kind. Eine Entscheidung, die in diesem Fall sicher auch im Sinne des Kindes liegt und mit der sie sich auf der Spur ihre Lebensmythos befindet. Denn ihr Ziel ist es, Karriere zu machen und später, von einer unabhängigen Basis aus, eine Familie zu gründen.

Natürlich lässt sich diese Einstellung zu Kindern nicht verallgemeinern. Da der Lebensmythos individuell ist, hat eine Handlung nie generelle Bedeutung. Ihr Wert und Sinn ergibt sich nur im Zusammenhang mit dem jeweiligen Lebensmythos. Beispielsweise sagt eine 34-jährige Frau, Sachbearbeiterin in einer Versicherung: »Seit ich denken kann träume ich davon, ein Kind zu haben.« Ihr Freund verhält sich neutral, ist weder dafür noch dagegen. Ihre Familie rät ihr ab und warnt: »Dann kommst du im Beruf nicht weiter, und am Ende stehst du allein mit dem Kind da.«

»Was soll ich nur tun?«, fragt sie sich nun verunsichert. »Soll ich warten, bis mein Freund dafür ist oder soll ich es einfach drauf ankommen lassen?« Die Stimme der Angst rät, »vernünftig zu sein« und auf Freund und Familie Rücksicht zu nehmen. Da der Traum vom Kind sich aber nicht auflöst, da sie diesen Mythos nicht los wird, entschließt sich die Frau, ein Kind zu haben, auch wenn sie eines Tages damit allein sein sollte. Sie folgt damit ihrem inneren Wegweiser und wird zur Macherin im positivsten Sinne.

Sich treu bleiben

Männer empfangen, wie bereits angedeutet, eine andere Botschaft als Frauen, erhalten von »den Anderen« einen anderen Auftrag. Dieser lautet: »Du musst stark sein!«. Stark, um deinen Mann zu stehen, zu kämpfen, dich in der Welt durchzusetzen. Vom Mann wird verlangt, sich auf die Berufswelt zu konzentrieren und die Beziehungswelt zurückzustellen. Dabei fordert die Verwirklichung des Lebensmythos nicht selten, sich diesem gesellschaftlichen Auftrag zu so genannter Stärke entgegenzustellen und den eigenen Beziehungszielen treu zu bleiben.

Ein 37-jähriger Angestellter erhält die Chance, Leiter einer der Fabriken seines Konzerns zu werden. Beruflich würde dies einem gewaltigen Sprung auf der Karriereleiter gleichkommen. Allerdings hat der Mann gerade ein zweites Kind in die Welt gesetzt. Da er weiß, welche zeitliche und kräftezehrende Belastung der angebotene Posten mit sich bringt, neigt er dazu, ihn abzulehnen. Seine Bekannten und Freunde sprechen begeistert von der einzigartigen Chance, dem Aufstieg und dem Gewinn an Macht und Geld, den er nun genießen könnte. Und tatsächlich wird ihm solch eine Gelegenheit so schnell nicht wieder geboten werden. Aber der Mann weiß auch: »Ich habe jetzt schon zu wenig Zeit für meine Frau und die Kinder. Wenn ich die Stelle annehme, werde ich noch weniger von meiner Familie haben. Ich brauche weder mehr Geld noch mehr Macht. Ich brauche mehr Zeit und Muße.«

Den angebotenen Posten abzulehnen bedeutet keineswegs zu kneifen, sondern im Gegenteil Mut zu zeigen und Gestalter des Lebensmythos zu bleiben, weil individuelle und nicht gesellschaftliche Maßstäbe dafür ausschlaggebend sind. Der Mann will nicht beweisen, was er beruflich drauf hat, sondern seine Rolle als Vater und Ehemann einnehmen. Und dazu braucht es den Mut des Machers, den Mut desjenigen, der den Lebensmythos verwirklichen will.

Sich beweisen

Natürlich kann der Lebensmythos eines Mannes auch darin bestehen, sich zu beweisen. Der Mann aus dem nächsten Beispiel bewirbt sich innerhalb seines Unternehmens um die Stelle eines Fachberaters. Sein Chef ist allerdings nicht bereit, ihm diese Aufgabe anzuvertrauen, weil er ihn für überfordert hält.

»Das werden Sie nie schaffen!«, dröhnt ihm die Überzeugung des Vorgesetzten entgegen. Der Mann lässt sich tatsächlich für einige Tage beirren. Dann besinnt er sich auf seine Ziele und fordert eine Chance, sein Können zu beweisen. Sein Chef ist nach zähen Verhandlungen bereit, ihm diese Chance zu geben. »Ich nehme Sie auf die nächste Kreditverhandlung mit den Banken mit. Sie werden dort unsere Position vertreten. Wenn ihnen das erfolgreich gelingt, können Sie Fachberater werden.«

Auch diese Tat erforderte den Mut des Machers, denn tatsächlich besteht im Falle eines Scheiterns die reale Möglichkeit, in der Firma kein Bein mehr auf den Boden zu bekommen. Aber wäre das wirklich so schlimm? »Dann müsste ich mir einen neuen Job bei einem anderen Unternehmen suchen. Das wäre lästig, aber nicht tragisch.« Ein Freund unterstützt den Mann zusätzlich, indem er seine Kraft provozierend herausfordert. »Ich sehe nur einen Grund, warum es dir bei guter Vorbereitung nicht gelingen sollte, diese Verhandlungen zu führen. Nämlich, wenn du wirklich nicht geeignet bist. Also finde es heraus!«

Man kann sich das Herzklopfen vorstellen, mit dem der Mann schließlich an die Bewältigung seiner selbstgesteckten Aufgabe geht. Ein solches Wagnis einzugehen ist eine echte Heldentat. Das Ergebnis mag ausfallen wie es will; in jedem Fall hat der Mann schon einen Erfolg erzielt, indem er die Verhandlungen mit dem Vorgesetzten aufnahm und sich durchsetzte. Das hat ihm Selbstbewusstsein gegeben, und das allein stellte schon eine Heldentat dar.

Da sie sich auf ihr Berufsleben konzentrieren, finden sich viele Männer in ihren Partnerschaften nur schwer zurecht. Auch hier wird, wie das nächste Beispiel zeigt, der Macher oftmals herausgefordert.

Der Frau begegnen

Ein 30-jähriger Mann ist seit einem Jahr mit einer Frau zusammen und möchte dies auch weiterhin sein. In den Beziehungen davor hat er immer dann, wenn es zu Schwierigkeiten kam, das Weite gesucht. »Ich war immer ein Easy-Lover. Wenn die Frau anfing, Ansprüche zu stellen, dann war für mich der Anfang vom Ende gekommen. Ich habe mir das eine Weile angehört, dann habe ich mich umgedreht und bin gegangen. Oft wortlos oder mit dem Kommentar: ›Vergiss es, es hat keinen Sinn mit uns!‹«

Doch nun taucht etwas Neues auf, der Wunsch nach Intimität und Verlässlichkeit. »Ich sehne mich nach einer Beziehung, die länger anhält. Ich möchte einer Frau näher kommen, Anteil an ihrem Leben haben, und sie soll an meinem Alltag Anteil nehmen. Ich möchte eine Partnerschaft leben und nicht immer dem Kick nachlaufen.«

Hier zeigen sich Wünsche und Ängste des Mannes. Er sehnt sich nach Beziehung, aber die Frau wird zur Bedrohung, sobald sie Ansprüche erhebt, Forderungen stellt, Konflikte verursacht. Der Easy-Lover hält diesem Druck nicht stand und sucht das Wohl in der Flucht. Leider entlarven sich früher oder später alle Frauen als

»schwierig«. Jede hat ihre eigenen Vorstellungen und ist nicht bereit, diese dauerhaft zu verbergen oder gar Verzicht zu üben. Kein gutes Feld also für den Easy-Lover. Er hat Konflikte vermieden und sich emotional distanziert. Will dieser Mann eine Partnerschaft aufbauen, die diesen Namen verdient, dann muss er selbst Partner werden, dann ist jemand anderes als der Easy-Lover herausgefordert, nämlich der Macher. Wie würde dieser mit den Erwartungen und Forderungen einer Frau umgehen?

»Ich denke, ein Partner zeichnet sich vor allem durch einen eigenen Standpunkt aus. So ein Mann müsste in der Lage sein, Auseinandersetzungen durchzustehen.« Der Macher vermeidet Konflikte nicht, sondern steht sie durch. Solch ein Mann mit eigenem Standpunkt kann sich auch gegen sehr emotionale Frauen behaupten. Womit? Mit den eigenen Gefühlen, die er in seinem Standpunkt vertritt.

»Ich muss zugeben, dass mich in den damaligen Beziehungen einiges sehr gestört hat. Ich habe aber selten etwas gesagt aus Angst vor Streit. Eigentlich habe ich ganz schön runtergeschluckt und auf easy gemacht. Wahrscheinlich ist mein Interesse an diesen Frauen durch dieses Schlucken gestorben.« Ja, so wird es gewesen sein. Der Easy-Lover gehört in die Zeit vor 30.

Zum Aufbau fester Bindungen ist er nicht zu gebrauchen, da muss jemand her, der die Sache in die Hand nimmt. Für diesen Mann – wie übrigens für sehr viele Männer – ist die emotionale Behauptung in der Partnerschaft eine echte Heldenaufgabe. Denn in der Partnerschaft bleiben und diese gestalten kann nur, wer nicht fürchtet, darin unterzugehen, sondern in der Lage ist, sich darin unterzubringen.

Männer fürchten sich oft vor der emotionalen Frau, ihrer Wut, ihren Tränen, ihrer gefühlsmäßigen Direktheit. Sie fühlen sich verantwortlich für die Gefühle der Partnerin und können sich daher nicht abgrenzen. So ist der »Beziehungsmacher« als emotional eigenständiger und trotzdem zur Verbindung fähiger Mann eine echte Hilfe bei der Umsetzung des Lebensmythos.

Geschenkt nutzt Nichts

Wie dargestellt, stellen sich Macher und Macherin in dieser Lebensphase alle Arten von Hindernissen in den Weg. Darin liegt ein Sinn. Denn es würde den beiden nichts nutzen, ihre Ziele quasi geschenkt zu bekommen.

Natürlich kann jemand im Lotto gewinnen oder eine Erbschaft machen. Aber den erhofften Zustand der Sicherheit oder Entspanntheit wird das Geld nicht mitbringen. Geld bringt nicht automatisch Ruhe, und eine Familie bringt nicht automatisch Geborgenheit. Solche inneren Zustände wollen erworben werden, wollen, dass man sie sich zu eigen macht. Dazu braucht es etliche Herausforderungen, Siege und Niederlagen, Begegnungen mit Ängsten und die Freude, wenn ein Ziel aus eigener Kraft erreicht ist. Eben die Abenteuer der Helden, wie sie in den Mythen niedergeschrieben sind.

Erinnern wir uns daran, dass das wirkliche, das innere Ziel in der Entwicklung der Persönlichkeit besteht. Dies kann man nicht geschenkt bekommen. Es ist ein Prozess, der Zeit und Aufmerksamkeit fordert. Für Reifung gibt es keine Abkürzung. Und wer seine Ziele aufgibt, wem es nicht gelingt, mutiger zu sein, als er ängstlich ist, der wird eine Dämpfung seiner Lebenslust erleben.

Daher besteht die wichtige Aufgabe der vierten Dekade darin, dem Macher und der Macherin die wichtigen Handlungen zu übertragen.

Konkretisierung und Bündelung der Lebensziele

Vom 40. Lebensjahr an erfährt das zielgerichtete und bisher wenig hinterfragte Tun eine allmähliche Überprüfung. Die bisherige Lebenserfahrung ermöglicht es, in der Folgezeit Nötig von Unnötig und Sinnvoll von Unsinnig zu unterscheiden. Der Mensch sortiert angesichts allmählich zurückgehender Kräfte unwichtige Lebensziele aus und richtet seine verbleibende Kraft darauf, vermeintlich Unverzichtbares zu erreichen.

Der 40-jährige Mensch hat bereits den größeren Teil seines Lebensweges zurückgelegt, auch wenn ihm das oft nicht bewusst ist. Einige wesentliche Aufgaben hat er bisher erledigt. Dazu gehören vor allem die Wahl seiner Ziele und das konzentrierte Hinarbeiten auf diese Ziele.

Der 40-Jährige ist noch *Macher* in Reinform. Bezogen auf das innere Ziel der Sicherheit mögen wir eine Angestellte finden, die tagtäglich und beflissen arbeitet. Bezogen auf das innere Ziel der Geborgenheit mögen wir einen Mann finden, der emsig Geld herbeischafft und ein großes Haus baut. Bezogen auf das innere Ziel der Anerkennung mögen wir einen Manager finden, der unbedingt nach ganz oben will, oder eine Frau, für die Karriere an erster Stelle steht. Bezogen auf das innere Ziel der Verbundenheit mögen wir einen Mann finden, der alles für seine Familie gibt, oder eine Frau, die mehrere Kinder hat.

Was immer ihr Ziel ist, Macher und Macherin arbeiten daran. Und wie es aussieht wird sich das in den nächsten Jahren nicht ändern, denn seine Vorhaben hat der Macher keinesfalls vollständig umgesetzt. Gleichzeitig hat er noch nicht bemerkt, dass er mit 40 seinen Schaffenshöhepunkt bereits überschritten hat. Er glaubt im Gegenteil, eine scheinbar unendliche Zukunft vor sich zu haben.

Aber jenseits des zielorientierten Verstandes, im Körper, fühlt er Mensch manchmal eine tiefer gehende Müdigkeit. Zaghaft erlaubt er sich die Furcht, weitere 10 bis 20 Jahre schaffen, sich mühen und am Ball bleiben zu müssen. Gefühle der Sinnlosigkeit und Zweifel tauchen hier und da auf. Wofür das alles? Lohnt es sich wirklich? Werde ich meine Ziele erreichen? Diese Zweifel können deprimierend wirken. Niedergeschlagenheit taucht des öfteren auf, dann gelingt es dem Macher wieder, diese Empfindungen energisch beiseite zu schieben. Doch bald darauf schleichen sich erneut Zweifel ein. Der Mensch gerät allmählich in eine mehr oder weniger heftige Krise, die »Krise in der Mitte des Lebens«.

Diese Krise ist in erster Linie eine Krise des Machers. Er läuft darin Gefahr, entmachtet zu werden. Der Macher folgt seinen Vorhaben wie einem Programm. Mit ihm lässt sich nicht über Sinn oder Unsinn seiner Pläne diskutieren. Er ist frei von Zweifeln. Er weiß! Und er wüsste keinen Grund, warum er sein Tun lassen sollte. Diese Leitfigur, die lange Jahre Ton und Richtung vorgab, muss auf irgendeine Weise gebremst werden. Die starre Zielorientierung muss aufgelöst werden. Sonst wird der Macher den Menschen weiterhin antreiben, ohne je über Sinn und Ziel seines Tuns nachzudenken.

Wer kann den Verstand stoppen? Der Körper und die Gefühle können dies tun. Müdigkeit ist vonnöten, eine gewisse Niedergeschlagenheit wird gebraucht. Sie setzen dem Macher Grenzen. Die durchlebte Nacht steckt er nicht mehr weg. Seine Sexualität geht zurück. Für bestimmte Aktivitäten, beispielsweise Sport, muss er sich aufraffen. Der Alltag wirkt öde, das Haus grau. Lustlosigkeit breitet sich aus.

Diese Krise des Machers wird heilsam sein. Denn durch sie dämmert dem Menschen, dass weder seine verbleibende Zeit noch seine Kraft und Energie ausreichen werden, all das zu verwirklichen, was er sich vorgenommen hat. Das Tempo des Machens verlangsamt sich, er sinnt des öfteren nach. Und so verwandelt sich der Macher in den Prüfer. Dieser wird Leitfigur durch die fünfte Dekade sein.

Dem Prüfer ist bewusst, dass er nicht mehr alles wird erreichen können, was er sich vorgenommen hat. Er beginnt zu betrachten, zu sortieren, zu wählen, zu entscheiden und sich auf das Unabdingbare zu konzentrieren. Der Prüfer stellt dabei zwei wesentliche Fragen:

- Was brauche ich nicht mehr zu tun? Welche meiner Träume haben mich verlassen? Welche Sehnsucht hat sich aufgelöst? Was kann ich lassen?
- Was muss ich auf jeden Fall noch tun? Welche Träume sind noch da? Worauf will ich auf keinen Fall verzichten? Worauf will ich meine verbleibende Kraft konzentrieren?

Wie sieht es in der Praxis aus? Das wollen wir in den folgenden Beispielen zeigen.

Frau sein im Männerberuf

Beginnen wir mit einer 40-jährigen Frau, die einen zunehmenden Widerwillen gegen ihren Beruf entwickelt hat. Sie ist Ingenieurin und sagt über sich: »Ich habe hart daran gearbeitet, meine Gefühle im Beruf auszuknipsen. Jetzt habe ich die Nase voll von der Technik. Am besten suche ich mir einen anderen Beruf.« Gern würde sie Physiotherapeutin werden, weil sie glaubt, dass es in diesem Beruf sehr auf Gefühle ankommt. Sie hat sich sogar schon nach einer Ausbildungsmöglichkeit umgesehen und scheint entschlossen, »endlich etwas anders zu machen«.

In einem Beratungsgespräch fragen wir, ob sie schon einmal gefühllose Physiotherapeutinnen kennengelernt habe. Diese Frage ruft die Prüferin auf den Plan. Die Frau wird nachdenklich. In der Tat gibt es sowohl gefühlvolle als auch gefühllose Physiotherapeutinnen, ebenso ist dies auch bei Ingenieurinnen der Fall. Es kann also nicht am Beruf selbst liegen. Die bisherige Macherin würde einfach und ungeprüft etwas anderes machen, sie hat sich ja bereits nach einem anderen Beruf umgesehen und ist von dessen Schein fasziniert. Die Macherin ist zu sehr auf Äußerliches konzentriert. Die Prüferin aber erkennt, dass es in Wirklichkeit darauf ankommt, authentisch im Beruf zu sein.

»Ich muss aufhören mich so zu verhalten, wie ich glaubte, mich in einem Männerberuf verhalten zu müssen, und zu mir als Frau stehen. Ich lebe nicht nur für den Beruf, ich habe Gefühle und auch andere Bedürfnisse, die über die Arbeit hinausgehen. Ich muss aufhören, den Männern beweisen zu wollen, dass ich eigentlich der bessere Mann bin.« Die Frau entschließt sich daraufhin, lieber eine »fühlende Ingenieurin« zu werden, als den Beruf zu wechseln. Für diese Aufgabe wird sie die Macherin weiterhin brauchen, jedoch steht diese nun sozusagen unter Beobachtung der Prüferin.

Der Macher kann in seinem Tun und seinem Glauben an Dinge verloren gehen, sich zuviel vornehmen und blind an einmal gefassten Vorsätzen festhalten. Deshalb muss er nun öfter relativiert werden. Eine Möglichkeit, sich über die tiefere Bedeutung von Vorhaben klar zu werden und diese zu prüfen ist die Phantasie »Der Augenblick des Todes«. In dieser Vorstellung versetzt man sich in die Zukunft, in jenen Moment, da man ein letztes Mal auf sein Leben zurückblicken wird, bevor man den letzten Atemzug tut. In dieser Vorstellung sucht man nach einer Antwort auf die Frage: »Worauf möchte ich in diesem Augenblick meines Todes zurückblicken können? Welche Erfahrung möchte ich auf jeden Fall gemacht haben?« Betrachten wir dies anhand eines Beispiels.

Leidenschaften leben

Ein 42-jähriger Mann arbeitet als Arzt in einem Krankenhaus. Seit er denken kann macht er nebenher Musik, und seit nunmehr acht Jahren spielt er in einem kleinen Kammerorchester. Nachdem das Orchester vor zwei Jahren einen beachteten Musikpreis gewann und die Auftritte von einem Agenten organisiert werden, ist nun ein Plattenangebot ins Haus geflattert. Die übrigen Musiker wollen den Plattenvertrag annehmen und auch die vom Agenten vorbereitete Asientournee durchführen.

Der Arzt gerät nun ordentlich ins Schleudern. Was soll er tun? Einen sicheren Beruf aufgeben und einen doch ziemlich unsicheren Weg einschlagen? Wofür? Er lehnt erst einmal ab. Er kann ja weiterhin nebenher Musik machen. Aber dann muss er in den Monaten danach feststellen, dass ihn die Bilder und Gedanken an die Tour und die Vorstellung von einem Leben als Musiker nicht loslassen. Er entscheidet sich schließlich für das für ihn Wichtigste: »Es klingt vielleicht verrückt, aber eines möchte ich in diesem Leben unbedingt erlebt haben: auf Bühnen zu stehen und in die begeisterten und berührten Augen applaudierender Menschen zu schauen!«

Die Erfüllung dieses Traumes ist ihm wichtiger als die Sicherheit, welche sein Beruf bietet. Das zu erleben bedeutet Leben. Also muss er tun, was er noch tun muss, und den Weg gehen, den die Leitfigur des Prüfers zeigt.

Der Prüfer stellt die Weichen für die Zukunft auf einer tieferen Ebene. Während der Macher den unreflektierten Träumen und Plänen des Lebensmythos folgt, kann der Prüfer Erfahrungen, Empfindungen und Gefühle mit auf die Waagschale legen. Das ändert manches Mal die Richtung, die man im Leben einschlägt, wie das nächste Beispiel zeigt.

Materielle Aspekte

Der Mann aus diesem Beispiel hat sich zwischen seinem 20. und 40. Lebensjahr vor allem auf Reisen und Beziehungen zu Frauen konzentriert.

Doch in den letzten Jahren kommen ihm seine Reisen eigenartig ziellos vor und seine wechselnden Beziehungen empfindet er als leer. »Es ist fast so, als ob ich das tue, weil mir nichts anderes einfällt.«

Sein Prüfer tritt auf, und mit Erstaunen registriert der Mann nun den ihm bisher fremden Wunsch, »Verantwortung für meine Zukunft und meine jetzige Beziehung zu übernehmen. Es ist wohl Zeit, mich der materiellen Seite des Lebens zuzuwenden und festere Grundlagen für meine Zukunft zu schaffen. Noch habe ich die Zeit dazu. Ich will als alter Mann nicht von Sozialhilfe leben.«

Der Prüfer hat hier den Traum von der Freiheit, der zu den vielen Reisen führte, einer kritischen Betrachtung und »Erfühlung« unterzogen und wichtige, neue Ziele gewählt. Denn im Altersheim von Sozialhilfe zu leben scheint keine Perspektive in Bezug auf Freiheit zu sein. Sicher wird der Mann noch reisen, aber nicht mehr vorwiegend, und bisher zu kurz gekommene Ziele werden mehr Raum einnehmen.

Allerdings muss man sich den Auftritt des Prüfers nicht als einen Schnellschuss vorstellen. Man kann sich nicht einen Nachmittag Zeit nehmen, kurz prüfen, und dann ist alles klar. Der Prüfer macht sich vielmehr allmählich ans Werk, sät

Zweifel, macht müde, macht lustlos, legt dem Macher Hindernisse in den Weg, stellt Fragen und taucht im Laufe der Jahre immer wieder auf. Bis er seine Aufgabe erfüllt hat und tiefer gehende Reflexion zu einer neuen Orientierung führt, die Handlungen also ein lohnendes Ziel erhalten.

Unabhängigkeit bewahren

Ein weiteres Beispiel für die Entwicklung der Prüferin im beruflichen Bereich gibt eine Tierärztin. Diese Frau lebt seit 18 Jahren in einer guten Beziehung. Allerdings läuft ihre Praxis nicht besonders gut. Mehrmals schon dachte sie daran, die Praxis aufzugeben. Ihr Mann hat ein hohes Einkommen und wäre damit einverstanden, so dass es leicht wäre, diese Entscheidung zu treffen.

Allerdings möchte die Frau »später einmal im Rückblick auf mein Leben nicht den Geschmack des Versagens auf die Lippen bekommen. Auch wenn ich es materiell nicht brauche, für meine Ideale und mein Gefühl der Unabhängigkeit brauche ich es auf jeden Fall, die Praxis erst dann aufzugeben, wenn sie läuft.«

Vielleicht liegt in diesem Willen zur Unabhängigkeit ein Grund, warum die Beziehung seit langem gut verläuft. Der Mann kann sich seiner Frau nicht einfach deshalb sicher sein, weil sie materiell auf ihn angewiesen ist. Er kennt seine Frau und weiss, dass sie tatsächlich auch »ohne ihn« leben kann. Deshalb lebt er bewusster mit ihr.

Diese Frau hat geprüft und entschieden. Ihre Richtung ist klar, sie will es alleine schaffen. Also gibt sie der Macherin grünes Licht für neue Ideen und versucht, durch zusätzliche Angebote die Praxis zu beleben. Sie bietet eine Verhaltensausbildung für Hundehalter an, führt Kurse in erster Hilfe durch und schreibt ein Buch über Hundeerziehung. Das sind die Ergebnisse ihrer Prüfung, und damit gewinnt sie klare Ziele.

Beziehungen einbeziehen

Bei Männern bedeutet zu prüfen manchmal, sich menschlichen Beziehungen zuzuwenden. Ein 43-jähriger Ingenieur war bisher recht erfolgreich. Er hat ein kleines Unternehmen, ein großes Auto, ein schönes Haus. Aber mit menschlichen Beziehungen will es nicht recht klappen. Er hat weder Freunde noch eine Liebesbeziehung.

»Je älter ich werde, desto klarer erkenne ich meine Isolation. Im Grunde genommen ist das Tun, das Machen, das Arbeiten, eine Möglichkeit für mich, Nähe zu vermeiden. Ich erkenne, dass in meinem bisherigen Leben meine größte Angst darin bestand, ›Nichts zu sein‹, ›ein Niemand‹ zu sein. Jetzt bin ich im geschäftlichen Sinne ›Jemand‹, aber als Mensch eigentlich immer noch ein Niemand.«

Ganz von selbst ist der Prüfer aufgetaucht und lenkt die Aufmerksamkeit des Mannes auf den Bereich menschlicher Beziehungen. Hier ist noch einiges im Argen. Hier bieten sich lohnende Ziele an, die in der Phantasie »Der Augenblick des Todes« deutlich werden, denn: »Ich möchte nicht eines Tages von dieser Welt gehen, ohne echte Freunde gehabt zu haben. Was jetzt wichtiger wird ist, wirklich Spass mit Menschen zu haben und es mit der Arbeit etwas lockerer angehen zu lassen.«

Der Mann entschließt sich nach langem Zögern und ausgiebigem Abwägen, beruflich ein Jahr lang Pause zu machen. Leicht fällt ihm diese Entscheidung nicht, denn der Macher gerät dadurch in Panik: »Was wird aus der Firma?« Die Lösung besteht für diesen Mann darin, den Macher einfach für 12 Monate in Urlaub zu schicken und mal eine Zeitlang »nichts zu tun«. Diese Zeit will er nicht Ingenieur, sondern Mensch sein und entdecken, was das konkret für ihn bedeutet.

Ein anderer Mann, 47 Jahre alt, entdeckt ebenfalls den Bereich menschlicher Beziehungen. »Langsam wird mir klar, dass ich mich bisher in die Arbeit gestürzt habe, weil ich so am besten menschlicher Nähe ausweichen konnte. Im Grunde weiß ich nicht, wie ich mit Nähe umgehen soll. Vor allen mit Frauen wird es mir schnell zu eng. Dann entziehe ich mich. Die Frauen machen das eine Weile mit, und dann gehen sie.«

Auch hier hat sich der Prüfer ans Werk gemacht. Er bezieht menschliche Werte in seine Prüfung ein. Was will dieser Mann auf jeden Fall erlebt haben, bevor er sein Leben irgendwann einmal beendet? »Auf jeden Fall will ich auf eine lange, vertraute Beziehung zu einer Frau zurückblicken.«

Der Mann entschließt sich dazu, eine therapeutische Beratung in Anspruch zu nehmen. Denn er will seine jetzige, noch frische Beziehung nicht aufs Spiel setzen. Die Beratung soll »mich begleiten, wenn es schwierig wird, und mir helfen, mich den Dingen zu stellen, anstatt zu flüchten.«

Kinder

Das Thema Kind mag den Gebrauch der Phantasie »Der Augenblick des Todes« erläutern. Eine 42-jährige Frau gerät in eine kleine Krise, weil sie die Frage »Kind oder nicht?« nicht klar beantworten kann. Das Ticken der biologischen Uhr macht ihr Druck, endlich zu einer Entscheidung zu gelangen. Unter Druck aber will sie sich nicht entscheiden. So hängt sie zwischen den Argumenten für und gegen ein Kind fest.

»Ich bin mir meines Kinderwunsches nicht sicher. Möglicherweise glaube ich nur, ein Kind haben zu müssen, weil es bald zu spät dazu sein wird. Meine Angst vor der Belastung durch ein Kind ist einfach nicht zu überwinden. Ich glaube, mit einem Kind würde ich über meine Grenzen gehen. Ich bin ja nicht mehr 25.«

In der Vorstellung vom letzten Augenblick will sie auf keinen Fall auf ein Leben voller Stress zurückblicken, sondern auf ein Leben »in Harmonie mit mir«. Dabei wurde ihr klar, dass sie Harmonie mit sich selbst auch ohne ein Kind erleben kann. Sie entscheidet sich gegen ein Kind, weil »ich einfach nicht belastbar genug bin. Ich muss meine Grenzen anerkennen, anstatt mich an Ansprüchen zu messen.«

So hat die Prüferin ihre Aufgabe bewältigt und eine klare Entscheidung herbeigeführt. Anders, eben entsprechend ihres individuellen Lebensmythos, entscheidet sich eine Frau von 41 Jahren. Ihr Kinderwunsch besteht seit etlichen Jahren, aber der Freund will sich nicht auf eine Ehe einlassen. Deshalb hat sie bisher »auf ihn gewartet«. Nun aber wird die Zeit knapp, und sie stellt ernsthaft die Frage, »ob ich mir nicht einen anderen Vater für mein Kind suchen muss.«

Der Freund hörte die Bemerkung »einen Vater für mein Kind« nicht zum ersten Mal. »Das ist ein wichtiger Grund meines Zögerns, mich auf eine Ehe mit dir einzulassen«, gibt er zu bedenken. »Es hört sich an, als ob es nicht um mich ginge, sondern nur um ein Kind für dich.«

In den folgenden Monaten denkt und fühlt die Frau prüfend nach. Schließlich gibt sie ihrem Freund recht: »Es stimmt, ein Leben ohne dich kann ich mir noch vorstellen, aber den Wunsch nach einem Kind aufzugeben, das kann ich mir nicht vorstellen.« Überraschenderweise nimmt dieses Bekenntnis den Druck von ihrem Freund. »O.k.«, sagte er, »ein Kind mit dir kann ich mir vorstellen, aber keine Ehe.« Sie stimmte dem Vorschlag zu: »Wenn es mit uns schief geht, dann habe ich immer noch das, was mir am Wichtigsten ist – das Kind.«

Auch hier war die Prüferin am Werk und ordnete die Vorstellungen der Frau. Während die Macherin weitere Jahre mit dem Versuch verbracht hätte, den Mann in die Ehe zu ziehen, gab die Prüferin zu, was ihr am Wichtigsten war. So wurde der Knoten in der Beziehung gelöst.

Neben dem Bereich Kinder taucht die Prüferin auch im Bereich der Partnerschaft auf. Dies wird schon daraus ersichtlich, dass bei mehr als 70 Prozent aller Scheidungen, die im Alter zwischen 40 und 50 durchgeführt werden, die Initiative von Frauen ausgeht. Ein Grund hierfür mag in der zunehmenden Ermüdung der Beziehungsmacherin liegen. Die Frau hat oftmals viele Jahre am Mann oder an der Beziehung »gearbeitet«. Sie hat sich bemüht, verzichtet, gewartet.[5] Aber der Kerl ist so wie er ist und hat sich offensichtlich vorgenommen, auch so zu bleiben. Da bleibt der Frau nichts anderes übrig, als irgendwann ihm gegenüber klar Position zu beziehen.

Dies tut eine 46-jährige Frau, die seit 15 Jahren in einer Beziehung lebt. »Sexuell ist alles wunderbar. Er ist viel unterwegs, und wenn wir uns sehen, ist es immer sehr schön. Aber in meinem Alltag kommt er kaum vor. Wir haben uns nicht viel zu sagen. Neben ihm fühle ich mich oft allein. Und in der letzten Zeit kann ich mich nur schwer auf die körperliche Verbindung einlassen.

Es fällt mir schwer, über die Mängel der Beziehung hinwegzusehen. Bevor ich eines Tages die Augen für immer schließe, will ich einen Partner gehabt haben, nicht bloß einen Liebhaber. Ich würde eher auf Sex verzichten als auf die herzliche Nähe, nach der ich mich sehne.« Folgerichtig entscheidet sich die Frau nach einer Phase langjähriger Prüfung der Beziehung zur Trennung von ihrem Freund.

Ein weiterer Grund für die hohe Scheidungsrate bei Frauen zwischen 40 und 50 mag darin liegen, dass viele Frauen in dieser Zeit ihren Beziehungsmythos, also ihre Vorstellung von Liebe, ihren Traum vom »Richtigen« aufgeben. So eine 44-jährige Frau, die in den letzten 15 Jahren acht Beziehungen verlor und von allen acht Männern verlassen wurde: »Langsam wird mir klar, dass ich mir von jedem Mann mehr versprochen hatte. Ich habe immer so getan, als ob ich die losen Verbindungen gut finde, aber tief drinnen, da habe ich doch auf den Mann gewartet, der zu mir gehört.« Unter Tränen der Enttäuschung und Wut spricht sie davon, dass »die Bilder sehr viel tiefer in mir drin sind, als ich geglaubt habe. Ich hatte unterschwellig immer gehofft, eines Tages, da merken die Männer, dass ich die Frau ihres Lebens bin. Dann tragen sie mich auf Händen, und alles wird gut.«

Ihre Worte sind voller Ironie und Schmerz zugleich. In der Tat hat sie jedes Recht, sich betrogen zu fühlen. Denn wie jede Frau hat sie die unausgesprochene Botschaft erhalten, sie müsse »einen finden«. Seither wartet sie darauf, vom Prinzen wachgeküsst zu werden. Es ist das Märchen der Unvollkommenheit der Frau, die erst durch die Aufmerksamkeit des Mannes vollkommen und ganz wird, auf das sie unbewusst hereingefallen ist.

Dieser Mythos stirbt in einem Bild. »Seitdem er gegangen ist, seit vier Monaten, sehe ich immer wieder ein zartes Mädchen in weißen Kleidern auf einem Himmelbett liegen. Es stirbt.« In diesem Bild stirbt die Hoffnung, dass »einer« kommt und dieses zarte Wesen auf Händen trägt und ihm Schutz gibt. Und in diesem Tod wird eine Frau geboren. Diese räumt das Leben auf und schwört, sich »nie wieder auf eine unverbindliche Liebschaft mit ›Hoffnungsgutschein auf mehr‹ einzulassen. Ich habe mich immer gegen die Vorstellung, ein Mann sollte mich erlösen, gewehrt und darüber gelacht. Und jetzt wird mir klar, dass es mich doch irgendwie erreicht hat. Es ist wie unter einer kalten Dusche wach zu werden; aber es ist gut, wach zu sein.«

Damit entsteht die unabhängige Frau, die sich aus sich selbst heraus vollständig fühlt. Sie hat die

Rolle geprüft, die Männer in ihrem Leben spielen sollen, und für sich eine eindeutige Richtung gefunden.

Prüfer und Macher kommen zusammen

In der Zeit zwischen 40 und 50 muss der Macher, der unreflektiert auf sein Ziel zusteuert, gestoppt und dem Prüfer die Einmischung in die beruflichen und persönlichen Angelegenheiten gestattet werden. Dies kann erfordern, Zweifel und andere unangenehme Zustände über längere Zeiträume zu ertragen und anzunehmen – eine Herausforderung, die dem Macher ganz sicher schwer fällt.

Die Vorherrschaft des Prüfers bedeutet aber nicht das Ende des Machers. In der Lösung, die stets in einer Konkretisierung der wichtigen Lebensziele besteht und das Loslassen unwichtiger Vorhaben beinhaltet, kommt der Macher wieder zum Zuge. Diesmal jedoch wesentlich reflektierter. Denn die Fähigkeit der Prüfung geht von nun an nicht mehr verloren. Der Prüfer hält sich lediglich im Hintergrund und kann von dort aus seine Wahrnehmungen beisteuern.

Wenn die Prüfung ausbleibt

Sich vom Macher in den Prüfer zu verwandeln erfordert den Mut, eine recht gefestigte Identität zu wechseln. Zwar hilft die Krise in der Mitte des Lebens, allgemein »midlife crisis« genannt, bei dieser Aufgabe, doch nicht jeder bringt den Mut auf, seine bisherigen Ziele tatsächlich in Frage zu stellen.

Manchen Menschen fällt es leichter, weiterhin Macher zu sein. Und sie mögen Erfolg haben. Sie mögen tatsächlich schaffen, was sie sich vornahmen: einen Porsche fahren, Karriere machen, Macht und Reichtümer anhäufen, bekannt werden, eine Familie gründen ... Doch diese Dinge garantieren keineswegs die Erfüllung des Lebensmythos. Sie bedeuten keinesfalls automatisch Glück. Denn etwas zu *schaffen* ist eben nicht gleichbedeutend damit, etwas *erreicht* zu haben. Später werden diese Menschen die Grenzen ihres Tuns bemerken und sich dann mit der Frage des Sinnes ihres Handelns auseinander setzten müssen.

Wer die Krise des Machers nicht aktiv aufgreift, wird ihr Brennstoff zuführen und sie damit unterschwellig schüren. Irgendwann wird das Thema dann das Bewusstsein des Menschen erreichen. Dies kann über eine Krankheit geschehen, welche ihn zwingt, seine Lebenshaltung zu verändern. Es kann sich um Beziehungsprobleme handeln, die ihm zeigen, dass er mehr als »Dinge« braucht. Oder er kann durch tiefe Depression und Lebensunlust gezwungen werden, sich auf die Suche nach seinem Lebenssinn zu begeben.

Menschen, die den Mut des Prüfens nicht aufbringen, überlassen dem Macher das Feld und bewegen sich möglicherweise in Richtung Leere und Bedeutungslosigkeit. Sie tun, aber sie wissen nicht, wofür sie etwas tun. Sie handeln, haben aber kein klares Ziel dabei. Sie folgen Leitbildern, die oft nicht mehr aktuell sind und eigentlich zur Vergangenheit gehören. Dann wird bis zum Umfallen gearbeitet, die Partnerschaft wird vernachlässigt, und die Beziehung stirbt. Oder eine tote Beziehung wird ertragen, nur um nicht allein zu sein, oder es wird weiter am Mann manipuliert, bis der Versuch irgendwann in Enttäuschung und Verbitterung endet. Oder es wird schnell noch ein Kind in die Welt gesetzt, bevor es zu spät ist – aus Panik also.

Blindes Machen, und das erfahren nicht wenige Menschen, führt in eine Sackgasse oder man schießt am Ziel vorbei, weil es nicht genügend klar erkannt wird. Dafür wird der Prüfer gebraucht.

Von 50 bis 60 –
Die Besinnende / Der Besinnende

Die Wendung nach innen

Wie schnell sein Leben vergeht wird dem 50-jährigen Menschen recht bald deutlich. Nachdem in der Außenwelt beinah alles erreicht ist, hält er in seinem Schaffen inne und besinnt sich auf die Zustände und Lebensqualitäten, die er erreichen wollte. Er begreift sehr viel klarer, dass zwischen äußerlichen Zielen und inneren Zielen kein zwangsläufiger Zusammenhang besteht und macht sich durch Innenschau bewusst, wozu er etwas haben/erreichen wollte. Dabei erkennt er den Lebensmythos direkter und entwickelt eine neue, dem inneren Ziel entsprechende Lebenshaltung.

In der sechsten Dekade entwickelt sich die Leitfigur des Besinnenden. Vollziehen wir diese Entwicklung nach. Wo auf seinem Weg befindet sich der 50-jährige Mensch? Der 50-Jährige hat im Durchschnitt bereits zwei Drittel seines Lebensweges zurückgelegt. Einige wesentliche Aufgaben hat er dabei erledigt. Dazu gehören vor allem

- die Wahl seiner Ziele,
- das konzentrierte Hinarbeiten auf diese Ziele,
- die Prüfung und Konkretisierung des bereits Erreichten.

In der Zeit zwischen 40 und 50 hat sich der Mensch vom Macher zum Prüfer entwickelt. Dabei hat er das bisher Erreichte einer kritischen Würdigung unterzogen. In der folgenden Konkretisierung seiner Lebensziele haben sich dann Prüfer und Macher verbunden. Der Macher, der gradlinig auf sein Ziel zusteuert, ist weiter zum Zuge gekommen. Aber er musste sich aufhalten und manch prüfende Frage gefallen lassen. Mit 50 hat der Mensch nun Vieles geschaffen und die wichtigsten seiner Vorhaben umgesetzt. Sicherlich, das Eine oder Andere könnte noch geschehen, aber in Hinsicht auf Beruf und Beziehung, Besitz und gesellschaftliche Situation ist in der Regel nicht mehr mit gravierenden Veränderungen zu rechnen.

Während dieser großen Zeitspanne der Zielstrebigkeit war dem Menschen stets klar, *was* er wollte – aber er hat sich nie ernsthaft gefragt, *wozu* er dies will. An derartige Grübeleien hat er keine Gedanken verschwendet, denn diese hätten seine Zielstrebigkeit doch nur gebremst.

Es ist sinnlos, einen jungen Mann beispielsweise zu fragen: »Wozu willst du Professor werden?« oder »Was willst du später mit dem ganzen Geld tun, das du dir vorgenommen hast zu verdienen?« oder »Was versprichst du dir davon, Karriere zu machen?« Es ist sinnlos, eine junge Frau beispielsweise zu fragen »Was soll die Partnerschaft dir bringen?« oder »Was versprichst du dir von Kindern?« Denn der junger Mensch ist nicht bereit, sich nach Innen zu wenden und Antworten auf solch tiefer gehende Fragen zu suchen. Dazu ist es zu früh, und deshalb erntet der Fragende bestenfalls Stirnrunzeln oder ärgerliche Ablehnung.

Dem Menschen Anfang 50 allerdings, der an seinen Zielen angekommen oder ihnen doch sehr nahe gekommen ist, drängen sich solche Fragen geradezu von selbst auf. Er schaut sich um, betrachtet das Erreichte und erwischt sich bei der Frage: »Was bringt es mir jetzt?«

Sicherlich ist er mit Vielem zufrieden. Er ist sogar froh über die Ergebnisse seines Schaffens. Der Mann blickt auf ein langes Berufsleben, für das er viel geopfert hat. Manche Frau blickt auf erwachsene Kinder und ein reiches Beziehungsleben, für das sie ihre eigenen Bedürfnisse zurückgestellt hat. Doch da ist ein gewisses Gefühl der Leere, der Unerfülltheit.

Der Mann grübelt: »Worauf warte ich eigentlich?« und die Frau fragt allmählich: »Und was ist mit mir? Wann komme ich dran?« Solche Fragen lassen nach dem tieferen Sinn ursprünglicher Lebensziele forschen. An diesem Punkt stellt man sich, oft zum ersten Mal in ernsthafter Form, die

Frage: »Was habe ich mir eigentlich davon versprochen?«

Werteverschiebung

Durch diese oder ähnliche Fragen wird der Mensch zum Besinnenden. Er wendet seine Aufmerksamkeit nach innen. Er sucht nach dem inneren Ziel hinter den äußeren Zielen. Der Prüfer schaute noch nach außen, um die wichtigsten äußeren Ziele zu erkennen, jene, die auf keinen Fall unberücksichtigt bleiben dürfen. Der Besinnende schaut nach innen und macht sich auf den Weg, seinen Lebensmythos klarer zu erkennen.

Oft zu seinem eigenen Erstaunen interessiert sich der Mensch ab 50 für für ihn bisher Fernstehendes. Eine zu Beginn dieser Phase beinah unmerkliche Werteverschiebung findet statt. Diese ist Folge der Verlangsamung, die durch Besinnung und Innenschau eintritt. Der verlangsamte, sich besinnende Mensch entdeckt.

Verbundenheit

Der Lebensmythos hatte, wie zuvor beschrieben, innere Erwartungen an äußere Ziele geheftet. Nun hat man die äußeren Ziele erreicht und wartet auf die Erfüllung der inneren Versprechen. Das aber stellt sich nicht automatisch ein, zumindest nicht im erhofften Ausmaß. So ist es nicht verwunderlich, wenn Unzufriedenheit mit dem bisherigen Tun auftaucht. Ein 57-jähriger Arzt beispielsweise berichtet:

»Ich habe immer weniger Lust auf meine bisherige Arbeit. Dieses Durchschleusen von Patienten, überhaupt die ganze Apparatemedizin, das interessiert mich kaum noch. Seit einiger Zeit bekomme ich Interesse an den Menschen, an ihrem Schicksal. Ich begreife Krankheit allmählich als Teil menschlichen Lebens. Es hat wenig Sinn, sie nur wegmachen zu wollen. Wir Ärzte müssten uns auch damit befassen, wie Menschen damit leben können. Dafür müssen wir uns mehr auf die Menschen einlassen.«

Der Mann ist Arzt geworden. Diese Berufswahl beantwortet die Frage des »Was«. Die Antwort auf die Frage des »Wozu« liefert seine Beschreibung. Er will sich auf Menschen und das Leben *einlassen*. Er sucht also eine Form menschlicher Verbundenheit. Dieser Arzt entschließt sich in der Folgezeit, eine Fortbildung in Psychotherapie zu machen. Er möchte in Zukunft seinen Patienten nicht nur medizinisch, sondern auch menschlich beistehen, und darin wird er die gesuchte Verbundenheit erleben. Wir können davon ausgehen, dass bereits das Kind solche Verbundenheit suchte, und aus dieser Sehnsucht die Berufswahl geschah. Aber erst jetzt wird dieser Zusammenhang klarer.

Lebendigkeit

Die Kinder einer 58-jährigen Frau sind seit einigen Jahren aus dem Haus. Die Frau durchlebt eine längere Phase der Niedergeschlagenheit, aus der jedoch erstaunliche Ergebnisse resultieren, nachdem sie sich fragt, was sie eigentlich mit ihrem Leben angefangen hätte, wenn sie keine Kinder in die Welt gesetzt hätte:

»Ich fühlte mich desorientiert, ausgebrannt und habe mich innerlich hängen lassen. Die ganze Zeit stellte sich mir die Fragen »Wozu?« und »Und ich?« Dann tauchten aus diesem Loch heraus Vorstellungen davon auf, was ich gemacht hätte ohne Kinder und was ich heute am liebsten machen würde. Diese Ideen kamen mir zuerst so verwegen vor, dass ich sie gleich wegwischen wollte.«

Am liebsten würde die Frau malen, einen Tauchkurs machen und Männer »nur auf Zeit« haben. Am Ende der Niedergeschlagenheitsphase hat die Frau eine Liste von Wünschen gesammelt. Ihr wird klar: »Ich kann jetzt verzichten und in die Sinnlosigkeit fallen oder endlich mein Ding machen. Ich suche Lebendigkeit. Mit Kindern war es auch immer lebendig, aber es ging nie um mich.«

So spricht die Besinnende. Möglicherweise kann man die zentrale Formulierung dieses Beispiels, den Ausdruck »*mein Ding machen*« aufgreifen und allgemein Frauen zwischen 50 und 60 diese Kur ans Herz legen.

Gelassenheit

Der verlangsamte, besinnende Mensch *entdeckt*! Beispielsweise entdeckt er eine Liebe zu Tätigkeiten, die ihm bisher fremd waren. So wie der 55-jährige Ingenieur, der aushilfsweise den Garten seiner Frau pflegte, als diese für einige Wochen wegen Krankheit ausgefallen war. An diesem Hobby blieb der Mann nun »hängen«:

»Es hat mich irgendwie gepackt. Das Wühlen in der Erde, der Geruch, die Sorgfalt beim Jäten und Pflanzen und Ernten. Dabei könnte ich mir die Sachen natürlich ohne Aufwand in jedem Supermarkt kaufen. Manchmal schüttle ich den Kopf über meine neue Leidenschaft, aber wenn ich dann abends in meinem Gartenstuhl sitze, ein Zigarillo rauche und in die Dämmerung starre, dann empfinde ich Befriedigung und Ruhe, eine seltsame Gelassenheit.«

Der Mann ist wörtlich zum Besinnenden geworden, zu einem Wanderer durch innere Welten. Diese Leitfigur nimmt ihn an die Hand und führt ihn an den Rand der gesuchten Zustände oder dort hinein, also in die Bereiche des Lebensmythos, der in diesem Fall vom Zustand der Gelassenheit gekennzeichnet ist.

Selbstsicherheit

Eine 52-jährige Frau hat seit ihrer Scheidung vor 12 Jahren den »richtigen« Mann gesucht. Zu ihrem Leidwesen verliefen die vier folgenden Beziehungen nach dem gleichen Muster wie ihre Ehe. Seit drei Jahren lebt die Frau daher allein und widmet sich vorwiegend ihrem kleinen Immobiliengeschäft. Unerwartet lernt sie einen Mann kennen, mit dem sie völlig neue Erfahrungen macht: »Er ist das, wovon ich immer geträumt habe. Er ist zärtlich und aufmerksam. Er kann zuhören. Er kümmert sich um mich. Wir können uns unterhalten. Es ist fast zu schön, um wahr zu sein.«

Allerdings stellt sie fest, sich selbst ähnlich wie früher zu verhalten: »Ich beginne, mich auf ihn auszurichten, mache meine Entscheidungen von ihm abhängig, warte auf ihn. Gleichzeitig werde ich wütend, weil ich das mein Leben lang gemacht habe. Ich hatte mir davon eine innere Sicherheit versprochen, bin aber nur abhängig geworden. Nun hat der Neue mir vorgeschlagen, zusammenzuziehen. Aber das werde ich nicht tun. Ich will nicht wieder in die Abhängigkeit rutschen.«

In dieser Situation trifft die Frau die Entscheidung, zwar die Beziehung aufrecht zu erhalten, aber mit einem gewissen Abstand. Allein diese Entscheidung zeigt, dass sie jetzt die früher in der Verbindung zum Mann gesuchte innere Sicherheit in sich selbst gefunden hat.

Eigenständigkeit

Frauen, die bisher in der Familie eingebunden waren und den inneren Kreis managten, erobern in dieser Lebensphase nicht selten die äußere Welt, wie folgendes Beispiel zeigt.

»Seit wir zusammen sind, also seit fast 30 Jahren, habe ich die meisten Angelegenheiten meinem Mann überlassen. Er hat das Geld verdient, das Haus gebaut, die Firma aufgebaut. Ich stand bei diesen Dingen immer am Rande. Jetzt habe ich ein Grundstück von meinen Eltern geerbt. Ich hätte die Chance, etwas ganz Eigenes damit anzufangen. Mein Mann meint, ich hätte zu wenig Erfahrung mit solchen Dingen und ich solle die Finger davon lassen. Aber es juckt mich in den Fingern zu beweisen, dass ich selbst etwas aufbauen kann.«

Diese 51-jährige Frau hat die äußere Welt bisher dem Mann überlassen. Nun entdeckt sie den Reiz, selbst gestaltend tätig zu werden, etwas »Eigenes« aufzubauen. Sie entscheidet, das ererbte Grundstück mit einem Mehrfamilienhaus zu bebauen und die gesamte Organisation, angefangen bei der Kreditaufnahme über die Planung bis zu Fertigstellung und Vermietung in die eigenen Hände zu nehmen. »Meinen Mann werde ich allenfalls als Berater nutzen, entscheiden werde ich!«

Die folgenden beiden Jahre werden für diese Frau zu einer spannenden und lehrreichen Zeit: »Gerade die Männer auf dem Bau, der Architekt und die Handwerker, die haben geglaubt, leichtes Spiel mit einer Frau zu haben. Tatsächlich ist es mir sehr schwer gefallen, mich durchzusetzen. Aber im Laufe des Projektes ist mir immer klarer geworden, dass ich entweder Nägel mit Köpfen mache oder zum Schluss draufzahle. Einige Male bin ich außer mir vor Wut geraten. Es war erstaunlich, welche Kräfte ich dann mobilisiert habe. Nach einem Jahr haben mich alle respektiert. Es war eine erlebnisreiche und auch harte Zeit; und ich bereue nichts. Ich weiß jetzt, dass ich auch alleine zurechtkommen würde. Ich fühle mich sehr viel freier und eigenständiger als noch vor zwei Jahren. Ich fühle mich stark und habe an Selbstwert gewonnen.«

In der Herausforderung des Hausbaus ist das Selbstwertgefühl dieser Frau gewachsen. Sie hat sich ihren Stellenwert in der Welt bewiesen. Wir können mit großer Treffsicherheit davon ausgehen, dass sie ihrem Lebensmythos, der anscheinend im Erleben von Werthaftigkeit besteht, einen großen Schritt näher gekommen ist.

Eine neue Lebenshaltung aufspüren

Je bewusster ein Mensch sein Leben verfolgt, desto bereitwilliger wird er die Aufgabe der Besinnung, die damit zusammenhängende Verlangsamung seiner Wahrnehmung und die daraus resultierende Verschiebung seiner Interessen und Werte aufgreifen. Nicht selten suchen Menschen bei der Besinnungsaufgabe Anregungen in Büchern und Seminaren.

Eine solche, relativ einfach anzuwendende Möglichkeit der absichtlich herbeigeführten Besinnung besteht in bewusstem Träumen. Man stellt sich vor, noch einmal am Anfang seines Lebensweges zu stehen, um die Bedeutung der damaligen Ziele zu erkennen. Als Beispiel dient ein 57-jähriger Personalvorstand einer Bank, der sich auf der Suche nach Klarheit auf diese Vorstellung einlässt:

»*Stellen Sie sich vor, Sie sind jetzt nochmal 30 und wählen Ihre Ziele.*«

»Also, wenn ich 50 bin, will ich zumindest Abteilungsleiter in der Bank sein.«

»*Stellen Sie sich vor, Sie sind 50 und am Ziel ihrer Träume. Was ist dann mit Ihnen?*«

»Dann ernte ich Anerkennung!«

»Da Sie jetzt Anerkennung ernten, was ist nun mit Ihnen?«

»Ich brauche nichts mehr zu beweisen. Ich habe alles bewiesen.«

»Jetzt, da Sie nichts mehr beweisen müssen, was ist da mit Ihnen?«

»Ich kann zufrieden mit mir sein!«

»Nun, da Sie zufrieden mit sich sind, was ist jetzt mit Ihnen?«

»Ich bin eins mit mir.«

»Da Sie jetzt eins mit sich sind, was ist da mit Ihnen?«

»Ich kann das Leben genießen, ohne schlechtes Gewissen, ohne Druck, einfach so!«

Dieser Mann war von seinem 30. bis 57. Lebensjahr vorwiegend jemand, der sich und seiner Umgebung etwas beweisen wollte, in der unbewussten Erwartung, auf diesem Weg zu Selbstzufriedenheit und Genussfähigkeit zu gelangen. Das ist es, was er sein Leben lang suchte, was aber vorher nicht möglich war, denn schließlich kommt »erst die Arbeit, dann das Vergnügen«. Der Lebensmythos des Mannes versprach ihm damals, später könne er selbstzufrieden sein, aber erst müsse er Abteilungsleiter werden. »Aha«, wird dem Mann klar, »darum geht es also die ganze Zeit. Nun, zufrieden sein kann ich auf jeden Fall mit dem, was ich beruflich erreicht habe. Da ist mehr nicht nötig. Also denn, auf zum Genießen.«

Hier wird der innere Zustand deutlich, der durch das ursprüngliche Ziel »Abteilungsleiter in der Bank« erreicht werden sollte – ein Zustand des Genießens und Wohlfühlens. Solch ein Zustand zeigt sich in einer veränderten Lebenshaltung. Der Genießende lehnt sich zurück, legt die Beine hoch und entspannt.

Die Besinnung der sechsten Dekade hat zur Konsequenz, langfristig eine neue Lebenshaltung aufzubauen. Zwar tut der Mensch nicht notwendigerweise ganz andere Dinge als bisher. *Aber er tut die Dinge anders.* In der neuen Lebenshaltung kommt es sehr darauf an, *wie* man etwas tut. Der Genießer mag auch arbeiten, aber er wird nicht der alten Maxime folgen »erst die Arbeit, dann das Vergnügen«, sondern eher einen Ausgleich suchen oder dem Vergnügen sogar Vorrang einräumen.

Oft hört man Männer sagen »Wenn ich erst mal pensioniert bin …« und Frauen »Wenn die Kinder nicht wären …« oder »Wenn mein Mann nicht wäre …«. Solche Vorstellungen leiten, wenn sie aufgegriffen werden, manche Besinnung ein, denn sie weisen auf gesuchte Zustände und Lebenshaltungen hin. Jetzt, in der Phase zwischen

50 und 60, ist der richtige Zeitpunkt, diese Träume zu verfolgen, um den Lebensmythos zu begreifen.

»Wenn die Kinder endgültig aus dem Haus sind, wie stellst du dir dann dein Leben vor?«

»Dann werde ich endlich Zeit haben, die Dinge zu tun, die ich bisher zurückgestellt habe. Am tollsten wäre, wenn ich mein Studium wieder aufnehmen könnte. Ich habe nämlich früher Psychologie studiert, aber die Diplomarbeit dann doch nicht geschrieben, als das erste Kind kam.«

»Versetz dich in die Zukunft, und stell dir vor, du studierst jetzt wieder. Was erlebst du dort?«

»Ich flitze durch die Uni und mach nur, was mich interessiert. Ich suche mir Vorlesungen aus, schreibe und halte Referate, stopfe mich mit Wissen voll.«

»Was ist dann mit dir?«

»Ich fühle mich lebendig und frei.«

Diese 51-jährige Frau hat gerne Kinder. Aber sie gibt auch zu, sich »wie im Hamsterrad« gefangen zu fühlen. In ihrer Zukunftsphantasie verwandelt sie sich in eine lebendige Frau. Die Frau braucht allerdings nicht zu warten, bis die Kinder aus dem Haus sind. Interessant wäre, wie sie sich als »lebendige Frau« jetzt schon verhält, was sie beispielsweise für die fast erwachsenen Kinder tut oder besser *nicht mehr* tut, aber was sie für sich selbst tut und worauf sie nicht mehr verzichten mag.

So kommt es für den Menschen ab 50 vor allem darauf an, sich durch Besinnung auf den Aufbau einer neuen Lebenshaltung einzustellen. Er hat etwa 10 Jahre Zeit, diese Haltung zu entwickeln.

Wenn die Besinnung ausbleibt

Bisher haben wir zwei Wege beschrieben, wie Menschen zwischen 50 und 60 sich besinnen und zu einer veränderten Lebenshaltung finden können. Entweder indem sie zulassen, dass ihre alte Haltung aufgeweicht wird, oder indem sie sich aktiv den inneren Prozessen zuwenden. Man könnte sagen, diese Menschen nehmen die Aufgabe der Identitätswandlung an.

Dies gelingt jedoch nicht jedem. Wenn die innerliche Besinnung nicht als Aufgabe begriffen wird, besteht die Gefahr, eigentlich ziellos von Ziel zu Ziel zu springen. Weil die erste Million nicht die unbewusst ersehnte Sicherheit mit sich bringt, müssen es 10 Millionen sein. Weil der

Ruhm des ersten Films nicht lange vorhält, müssen weitere Erfolge her. Weil der berufliche Aufstieg nicht zur Gelassenheit führt, muss weiter für die Karriere geschuftet werden.

Diese ziellose Suche kann leicht zur Sucht werden. Mehr Geld, Ruhm, Erfolg, Frauen/Männer, Häuser, Abenteuer … In solchen Fällen gehen Menschen in ihren äußeren Träumen verloren. Es gelingt ihnen nicht, die Macht des Machers aufzulösen und eine neue Lebenshaltung zu entwickeln. Dann finden wir einen Pensionär mit Segelboot, der mit wippenden Füßen auf dem Deck sitzt, die Ruhe um sich kaum ertragen kann und auf der Suche nach Ablenkung von Hafen zu Hafen eilt. Oder einen Unternehmer, der seinen Betrieb nicht aus der Hand geben kann und seinem Nachfolger ständig reinredet, weil er nicht abschalten kann und »genießen« für ihn ein Fremdwort ist.

Wer in seinen äußeren Träumen verloren geht, tut und macht, ist ständig in Aktion, immer auf Dinge, auf Symbole seines Lebensmythos fixiert, ohne den Lebensmythos zu begreifen und aufzugreifen. Er wird unterschwellig mit dem Erreichten unzufrieden sein, zum Nörgler, Besserwisser, zum verbitterten und vom Leben enttäuschten Menschen werden. Doch das Unbewusste des Menschen verfügt auch über Wege, die Identität des Menschen unfreiwillig zu verändern. Besinnung kann beispielsweise durch Schicksalsschläge oder Krankheit herbeigeführt werden. Denn Krankheit wird nicht selten durch den Macher hervorgerufen, beispielsweise ein Rückenschaden, und in der Krankheit wird der Macher zum Innehalten gezwungen.

So erkannte ein Kaufmann nach einer Bypass-Operation: »Ich habe immer geschafft wie ein Besessener. Jetzt muss ich mich ernsthaft fragen: ›Was habe ich eigentlich davon?‹« Man kann Erkrankungen durchaus als »Traum des Körpers« begreifen. Durch die Krankheit bekommt ein Mensch oftmals, wovon er unbewusst träumt: Gelegenheit zurückzuschalten, loszulassen, nichts zu tun, zu spüren … Auch können bestimmte Gefühle, die Macht über den Menschen gewinnen, ihn daran hindern, weiter Macher zu sein. Möglicherweise provoziert er im Arbeitsumfeld Konflikte, »flippt aus« oder streitet sich ständig mit Kollegen. Er wird gekündigt und erhält so die Gelegenheit, zur Ruhe und zu Besinnung zu kommen.

So gibt es verschiedene Wege, die Aufgabe der Besinnung zu bewältigen. Am Ende der 50er kann der Mensch dann meist feststellen, »ein anderer« geworden zu sein, eine neue Lebenshaltung entwickelt zu haben. Dies ist der Lohn der Besinnung.

Die Vollendung des Lebensmythos

Vom 60. bis zum 70. Lebensjahr spielen die Mühen und Ziele der Vergangenheit keine Rolle mehr. Was früher einmal war oder was andere sagen wird relativ gleichgültig. Der Mensch überschreitet, beschwingt durch seine neue Lebenshaltung, bisherige Grenzen und rundet seine Lebenserfahrung ab. Er erlebt jene Lebensqualität, die ihm sein Lebensmythos einst versprochen hat. Jetzt ist klar, was in diesem Leben noch gelebt werden will. In dieser Phase geschieht der letzte Schritt von Haben zum Sein.

Die Aufgaben der sechsten Dekade waren Besinnung und Entwicklung einer neuen Lebenshaltung. Nun, mit Anfang 60, geht es darum, aufgrund der veränderten Lebenshaltung ein »neues« Leben zu führen. Die Leitfigur durch diese Lebensphase ist der Verwandelte. Als solcher handelt der Mensch nun und schließt damit Offenes ab.

Der Verwandelte weiß recht genau, *wozu* er das anstrebte, was er anstrebte. Er hat ein Wissen oder zumindest ein Gefühl von der inneren Bedeutung seiner Lebensziele gefunden und erkannt, dass sein Leben keineswegs abgerundet ist. Zuviel hat er geopfert in den aktiven Jahrzehnten. Seinen Zielen und Planungen mussten sich wichtige Teile seiner Persönlichkeit unterordnen. Diese wollen jetzt zum Zuge kommen.

Hat die Verwandlung stattgefunden, sprechen Freunde und Verwandte oft davon, der Betreffende sei »ein anderer« geworden. Genau das sollte geschehen. Der Mensch ab 60 sollte für seine Umgebung gewissermaßen nicht mehr wieder zu erkennen sein.

Verwandelte in Aktion

Betrachten wir anhand einiger Beispiele, wie Verwandelte sich konkret verhalten.

Einfachheit

Ein Mann, bisher als leitender Angestellter tätig, wird mit 62 Jahren frühpensioniert. Da er sich noch recht fit fühlt und nicht Opfer von Langeweile werden will, nimmt er eine Nebentätigkeit als Versicherungsmakler auf. Allerdings trägt diese Arbeit wenig Früchte. »Das ist auch kein Wunder. Ich kümmere mich viel weniger darum, als dies nötig wäre. Anscheinend habe ich doch weniger Energie für das Geldverdienen, als ich annahm. Dafür nimmt mein Hobby mehr Zeit und Raum ein. Manchmal bin ich selbst erstaunt, dass etwas – im Vergleich zu meinem früheren Leben – derartig Bedeutungsloses mich beschäftigt hält. Es zieht mich einfach hinaus, in die Natur, zu den Tieren.«

Der Mann beobachtet und zählt für einen Naturschutzbund seltene Tierarten im Biosphären-Reservat. »Dabei bin ich beschäftigt, brauche mich vor Langeweile also nicht zu fürchten. Aber dieses Tun ist eigentlich ein Vorwand dafür, nichts zu tun. In der Natur erlebe, spüre, verbinde ich mich. Das bringt mich innerlich zum Leuchten und verschafft mir sehr viel Freude. Es ist eine stille Freude. Wenn ich von solchen Tagen nach Hause komme, fühle ich mich ruhig und erfüllt.«

Der Mann hat sich vom Angestellten in einen Naturliebhaber verwandelt. Im Kontakt zur Natur findet er Ruhe und Befriedigung. Solche Zustände der Stille wird er in seinem weiteren Leben noch unzählige Male suchen und erleben und darin sein Leben rund werden lassen. Dies ist möglich, weil der Mann nicht krampfhaft an seiner früheren, an Tätigkeit und Effektivität orien-

tierten Lebensweise festhält, sondern seine Verwandlung vom »Effektiven« zum scheinbar
»Nutzlosen« zulässt.

Verspieltheit

Eine 63-jährige Frau kommt über ihren Enkel
näher in Kontakt mit Kindern. Oft holt sie den
kleinen Mann vom Kindergarten ab oder bringt
ihn dort hin. Eines Tages lässt sie sich von einer
Sozialarbeiterin dazu überreden, den Kindern
Märchen vorzulesen. Dies wird ihr bald zur lieben Gewohnheit. Sie findet soviel Gefallen an
diesem Ritual, dass sie Kurse besucht, in denen
sie zur Geschichtenerzählerin ausgebildet wird.
»Ein dankbareres Publikum als Kinder kann ich
mir gar nicht vorstellen. Sie haben teil an meinen
Geschichten und ich an ihrer Lebendigkeit und
Spontaneität. Und wenn ich für einem Geburts-
tag oder eine Feier engagiert werde, verdiene ich
mir noch ein paar Mark dazu. Aber ich täte es
auch ohne Geld.«

Die Frau, früher als Angestellte tätig, wird in
ihrem neuen Hobby zur »Verspielten«, die von
sich sagt, ihre Geschichten aus Liebe zu den Kindern zu erzählen. Durch diese Verwandlung trägt
die Frau dazu bei, ihren Lebensmythos abzurun-

den, denn die neue Verspieltheit steht in wohltu-
endem Kontrast zu einer lang gelebten Ernsthaftigkeit.

Verwegenheit

Ein 68-jähriger Mann schockiert seine Frau und
seine Familie, als er eines Tages unangekündigt
mit einem nagelneuen Motorrad vorfährt. Der
»Hobel«, so nennt er das Motorrad, ist nicht ir-
gendein bescheidenes Gefährt, sondern eine 90
PS starke Maschine mit Sonderausstattung.
Chromglänzend und mit feuerrotem Tank präsentiert sich dieses Spielzeug. Über das Erstaunen
und die Entrüstung seiner Verwandten kann er
nur lachen: »Das war ein Traum, dessen Verwirklichung ich ein halbes Leben lang vor mir her-
schob. Ich musste ihn mir einfach erfüllen. Und
ich bin regelrecht glücklich darüber. Zugegeben
freue ich mich auch über die dummen Gesichter
meiner Lieben. Sie zu schockieren war ein großes
Vergnügen.«
Allein die verrückte Tat lässt das Herz des Mannes hüpfen. Aber auch der Gebrauch seines Ho-
bels bereitet ihm Spaß. Touren in fremde Gegen-
den zu unternehmen und Begegnungen mit
anderen Ausflüglern zu haben – all das lässt ihn

Abenteuer erleben. Dies wurde möglich, weil der Mann die Verwandlung zum Verwegenen, zu einem Mann, der etwas für dieses Alter völlig Ungewöhnliches tut, zugelassen hat.

Weisheit

Eine 62-Jährige, bisher ausschließlich als Hausfrau tätig, besucht schon seit einigen Jahren Kurse in Tai Chi, einer asiatischen Bewegungslehre. »Das Schöne daran ist, mit ganz neuen Dingen in Kontakt zu kommen und mit fremden Menschen. Bisher bin ich kaum aus dem Haus gegangen und habe gewissermaßen auf die Pensionierung meines Mannes gewartet. Jetzt ist das nicht mehr so wichtig. Ich habe etwas ganz Eigenes gefunden.«

Mann und Kinder erleben eine Frau, die kaum noch Abende frei hat. Sie hat ständig »Termine«, besucht Kurse in Gesprächsschulung sowie Seminare zur Persönlichkeitsentfaltung und liest psychologische Literatur. Schließlich beginnt sie, selbst Kurse zu leiten. Und sie hat Erfolg. »Die Leute kommen zu mir, weil ich gut zuhören kann und sie verstehe. Für mich selbst ist das ein großes Geschenk. Ich begreife so viel über das Leben, auch über mein Leben. Ich lerne so viele Schicksale und Lebenswege kennen, dass ich viel mehr Abstand zu meiner eigenen Situation finde. Früher habe ich oft geklagt. Heute weiß ich, dass vieles an mir gelegen hat. Irgendwie führt das zur Versöhnung mit mir.«

Die Frau hat sich von der Hausfrau in eine weise Frau verwandelt. Als solche gibt sie ihren Seminarteilnehmern ein gelebtes Beispiel von Versöhnlichkeit und Verständigkeit.

Offenheit

Vor einiger Zeit befanden wir uns im Urlaub, wo wir ein älteres Ehepaar kennenlernten. Die beiden hatten mit Anfang 60 einen Schlussstrich unter ihr Berufsleben gezogen, alle Besitztümer verkauft und ziehen seit nunmehr vier Jahren um die Welt.

»Früher haben wir hauptsächlich gearbeitet. Heute lassen wir es uns einfach gut gehen. Wo es uns gefällt, da bleiben wir, solange es uns gefällt. Wenn wir länger an einem Ort bleiben, mieten wir eine möblierte Wohnung. Wir leben zwar bescheiden, aber es macht so viel Spaß, die Länder, die Leute, die Sprachen kennen zu lernen. Wir möchten gar nichts anderes mehr. Wenn wir mal alt sind, gehen wir nach Deutschland zurück in eines der Heime, die wir uns angeschaut haben.

Aber solange wir gesund sind, bleiben wir Vaga-
bunden.«

Auch diese beiden haben sich verwandelt. Statt
wie davor verstandesorientiert zu handeln, lassen
sie sich nun von Gefühlen leiten. Sie runden ihr
Leben ab, sie tun, wonach ihnen gerade ist.

Verrücktheit

Manchmal kommen Verwandelte auf wirklich
verrückte Ideen. So entschließt sich ein 64-jäh-
riger Mann, in seiner Garage ein Boot zu bauen.
Er kniet sich tief in dieses Projekt, lernt Neues
über Bootsrümpfe, Strömungsverhalten, Bauar-
ten, Motorgrößen, Oberflächen und und und.
Nach einem Jahr ist der Rumpf entstanden. Seinem Sohn ist schon vor Monaten aufgefallen,
dass das Boot nicht aus der Garage gelangen wird,
weil es breiter als die Tür ist. Er war sich nicht sicher, ob seinem Vater dies aufgefallen war und ob
er ihn darauf hinweisen sollte. Als er es tut, lacht
dieser nur: »Ich werde wahrscheinlich niemals
Boot fahren. Ich habe ja nicht mal einen Führer-
schein. Aber es zu planen, es zu bauen, es wach-
sen zu sehen, das packt mich. Und wenn ich doch
noch damit fahren wollte, dann hauen wir eben
die Wand raus.«

Natürlich muss Verwandlung nicht in solch relativ spektakulären Verhaltensweisen münden. Auch unscheinbares oder scheinbar passives Verhalten kann Ergebnis einer Verwandlung sein. So wie bei einer 68-jährigen Frau, die wenig unternahm und, von ihren Verwandten darauf angesprochen, erklärte: »Früher habe ich nach einem Plan gelebt, mein Geschäft hat mir Termine diktiert. Jetzt genieße ich es, in den Tag hinein zu leben, faul zu sein, mich treiben zu lassen.«

Narren und Innere Kinder

Die Abrundung des Lebens älterer Menschen geschieht dort, wo das Leben einst begann: in der Gefühlswelt. Zuerst war man Kind und ist dann Erwachsener geworden. Während die Welt des Kindes von Gefühlen bestimmt war, blieb dem Erwachsenen nur eingeschränkt Platz für Gefühle. Jetzt aber, da er nichts Wichtiges in der Welt mehr zu erledigen hat, kann der Mensch zu seinen Gefühlen zurückkehren.

Der Verwandelte hat mit seinem bisherigen Leben, das oftmals von Zielen und Plänen diktiert war, abgeschlossen. Natürlich wird der Verwandelte nicht zu einem völlig anderen Menschen. Aber er gibt einen Teil seiner bisherigen Lebensgewohnheiten auf, hat sich neue Werte erschlossen und hält sich nun oft in den seit der Kindheit gesuchten Zuständen auf. Idealerweise befreit er sich von bisherigen Zwängen und Verpflichtungen und räumt unnützen Dingen Raum ein, die zu nichts weiter gut sind, als Spaß daran zu haben.

Der Mensch ab 60 kommt wieder in Kontakt mit dem Inneren Kind, mit seiner Gefühlswelt. Allerdings mit einem bedeutsamen Unterschied. Im Gegensatz zum Kind fehlt dem reifen Mensch die völlige Identifikation mit seinen Gefühlen. Daher kann er sich erlauben, wieder Kind zu werden.

Der Mensch, der Weisheit und Kindlichkeit vereinbart, wird zum Narren. Er hält seiner Umgebung den Spiegel vor, indem er Ernsthaftigkeit und Verbissenheit durch seine Taten ad absurdum führt. Der Narr, die Närrin zählt Tiere, fährt Motorrad, leitet Seminare, erfindet Märchen, tingelt um die Welt, faulenzt, baut Boote, die nicht zu Wasser gelassen werden, und hat auch noch Vergnügen daran. Er ist im Vergleich zu seinem früheren Leben verrückt, also »daneben«. Narren tun etwas, das ihnen früher nicht in den Sinn gekommen wäre. Sie werden darin zum Kind.

134

Allerdings zum hellen Kind, zum fröhlichen, verspielten, unschuldigen Kind. Dies gelingt ihnen vor allem deshalb, weil sie sich in ihrer Verwandlung akzeptieren.

Ihre Aufgabe besteht nicht mehr im Schaffen, im Tun, sondern im Abrunden und Schließen des Lebenskreises. Der Narr entwickelt Distanz. Ihn interessieren nicht länger äußere Ziele, wie sie für jüngere Menschen wichtig sind. Der Narr widmet sich den inneren Werten. Seine Aktionen sind spektakulär, unscheinbar oder verrückt. Der Narr spielt. Er spielt mit sich und dem Leben und hebt damit eine lebenslange Einseitigkeit auf.

Dunkle Kinder

Damit unterscheidet sich der Narr von einer anderen Erscheinung des Inneren Kindes im Alter, vom kindischen Menschen. Diesen von negativen Gefühlen beherrschten Meckerer oder Miesepeter kennt und fürchtet jeder.

Auch diese haben im Alter den Bogen zu ihren Gefühlen gezogen. Aber weil sie ihre Träume verloren haben, bleiben sie am Äußerlichen, an Symbolen hängen. Weil ihnen die innere Besinnung misslang, haben sie zu wenig Kontakt zu sich selbst, um sich die Erlaubnis zur Verwandlung zu geben. Daher kommen sie nicht zur Ruhe. Weil sie sich selbst im Wege stehen, wirken sie unzufrieden, frustriert, aggressiv und unerfüllt. Sie beklagen sich über das Leben und geben anderen, der Gesellschaft, dem Leben, dem Partner die Schuld. Sie sind dunkle Kinder geworden, ungeliebte Kinder eben.

Wenn der Mensch aber sich selbst akzeptiert und den Kontakt zum hellen Kind findet, einen Kontakt, der über Spaß, Vergnügen und Lust hergestellt wird, dann hat er getan, was für ihn in der Phase zwischen 60 und 70 zu tun war. Dann gerät er schließlich in die Lage, dem Leben zuzuschauen und zu lächeln. Und verwandelt sich ein letztes Mal – zum Erfüllten.

JENSEITS VON 70 –
DIE ERFÜLLTE / DER ERFÜLLTE

Leben in Erfüllung und Frieden

Ab dem 70. Lebensjahr gibt es nicht mehr viel zu errei-
chen, zu tun, zu schaffen. Man hat das Leben aus ver-
schiedenen Perspektiven gesehen und erlebt. Man hat
Träume verfolgt und sie umgesetzt. Man hat eine neue
Lebenshaltung entwickelt und diese ausgelebt. Nun ist
die Erfüllung eingetreten. Ein großes Abenteuer bleibt
noch.

Die dem Buch zugrunde liegende Idee, dass ein
Mensch im Laufe seines Lebens Aufgaben zu erfüllen habe, scheint irgendwie absurd. Wer sollte
solche Aufgaben aushecken? Wir glauben nicht,
dass an irgendeinem Platz irgendwer damit beschäftigt ist, Aufgaben für die Milliarden Menschen dieser Erde zu finden.

Und doch – diese Idee sollte nicht leichtfertig
verworfen werden, denn sie ist überaus reizvoll,
und, wie wir im Laufe der Jahrzehnte in der Begleitung von Menschen erfahren haben, auch
äußerst sinnvoll. Denn wer sich mit dieser Vorstellung befasst, kann darin eine hilfreiche Orientierung für sein Leben finden.

Sicherlich werden die meisten Menschen einverstanden sein, die große Aufgabe könnte darin

bestehen, das Leben zu erfüllen, so dass man an seinem Ende sagen kann: »Dieses Leben war es wert, gelebt zu werden.« Von einem Menschen, der diese Worte auszusprechen vermag, könnte man behaupten, er habe alles wahr gemacht, was er sich vom Leben versprach.

Dabei hat er eine Reihe von Aufgaben bewältigt. Bevor wir uns der Aufgabe, die im letzten Lebensabschnitt, der Zeit ab 70 wartet, möchten wir die Lebensaufgaben eines Menschen noch einmal resümieren. Wir haben das Leben in verschiedene Phasen gegliedert und zu jeder Phase eine Leitfigur entworfen.

Die erste Phase seines Lebens erlebt ein Mensch als *Kind*. Das Kind nimmt seine Umgebung auf und lernt. Dabei erscheint ihm seine kleine Welt als die einzige, als die wahre und wirkliche Welt. Denn was der Mensch über das Leben für wahr hält und wie er sich und den anderen Menschen begegnet, das hängt von diesen prägenden Erfahrungen des Kindes ab.

Unter dem Einfluss dieser so genannten »einzigen« Realität bilden sich heimlich und unerkannt die Lebensziele. Das heißt, der Mensch beginnt zu träumen, ohne diese Träume benennen zu können. Er träumt vorwiegend von allem, was er in dieser Kindzeit nicht oder nicht genug erleben kann. Er bildet jenen Lebensmythos, den man auch als Sehnsucht nach einem Zustand beschreiben kann, den er am Ende seines Lebens erreicht haben sollte. Begriffe, welche diesen Zustand beschreiben, wären Geborgenheit, Sicherheit, Lebendigkeit, Verbundenheit oder Ähnliches. Als Kind eröffnet der Mensch den Kreis des Lebens, den er, wenn es ihm vergönnt ist, in seinem Alter einmal abrunden wird.

In der Zeit zwischen dem 10. und 20. Lebensjahr entwickelt sich der *Rebell*, dessen Aufgabe in der Lösung von unmittelbarer Abhängigkeit liegt. Der Mensch entwickelt nun eine Identität und kann ansatzweise erste Lebensziele formulieren. Ab etwa dem 20 Lebensjahr verwandelt sich der Rebell in den *Entscheider*. Dieser entdeckt, was er werden und was er erreichen will, und nutzt die Zeit bis 30 dazu, sich die entsprechenden Fähigkeiten in beruflichen und sozialen Zusammenhängen anzueignen, über die er verfügen muss, um seine Ziele zu verwirklichen.

Ab dem 30. Lebensjahr etwa ist die nötige Orientierung und Vorbereitung abgeschlossen, alle äußerlichen Ziele sind klar, und der Mensch verwandelt sich in den *Macher*. Als dieser setzt er nun alles daran, seine Pläne zu verwirklichen und die eigene kleine Welt entsprechend vorhandener Vorstellungen zu gestalten. Eine Familie oder ein Haus oder der berufliche Aufstieg werden nun, auf dem Höhepunkt der Schaffenskraft, zur richtigen Zeit, konkret und konsequent angegangen. Da gilt es anzupacken und durchzuhalten. Es ist dies eine Zeit, in der sich das Innenleben den Anstrengungen beim Erreichen äußerer Ziele unterordnen muss. Der Verstand herrscht über die Gefühle, die zielstrebige Handlung steht im Vordergrund.

Mit Anfang 40 liegen dann mehr als 10 Jahre konzentrierten Schaffens hinter dem tapferen Macher. Eine erste psychische Ermüdung tritt ein, die allgemein als »midlife crisis« bekannt ist. Diese Phase vorübergehender Desorientierung gibt Gelegenheit, sich in einen *Prüfer* zu verwandeln. Aufgabe dieses Prüfers ist es, die eingeschlagene Richtung erstens anhand bisheriger Lebenserfahrungen und zweitens anhand der verbleibenden Kraft zu überprüfen. Was ist wichtig? Auf welche äußeren Ziele muss ich mich nun konzentrieren? Was kann ich aussortieren? Worauf will ich im Alter zurückblicken können, und auf was kann ich verzichten? Die Zeit bis etwa 50 dient dann der weiteren Umsetzung der nunmehr konkretisierten Ziele.

Mit Anfang 50 ist dann Vieles erreicht und umgesetzt. Der Mensch schaut sich um und hält inne. Er wird allmählich zum *Besinnenden*, zu jemandem, der sich inmitten des Erreichten damit befassen kann, was all das Äußere denn im Inneren bringen und was es bewirken soll. Damit rückt die Frage nach dem »Was« in den Hintergrund und die Frage nach dem »Wozu« in den Vordergrund.

Mit dieser Verschiebung seiner Aufmerksamkeit wendet sich der Besinnende von den äußeren Dingen ab und dem Lebensmythos direkter zu. Er entdeckt, dass es ihm, viel mehr als um greifbare Dinge, in seinem Leben um das Erreichen eines ganz bestimmten Zustandes geht. Dieser mag sich, wie bereits erwähnt, Leichtigkeit, Verbundenheit, Gelassenheit oder Lebendigkeit oder anders nennen. Auf jeden Fall ist er weniger mit den Dingen verknüpft, als es bisher erschien. Erst das Erreichen dieses Zustandes, soviel erkennt der Mensch allmählich, wird sein Leben erfüllen und nicht allein die Dinge, die man haben und besitzen kann.

Hat der Mensch seinen Lebensmythos direkt oder intuitiv derart erfasst, verändert sich sein Wertesystem, und er kann als *Verwandelter* in der Phase zwischen 60 und 70 ein »zweites Leben« führen. Ab jetzt kommt es weniger darauf an, *was* er macht, sondern *wie* er etwas macht – eben entsprechend seines Lebensmythos leicht, verbunden, gelassen oder lebendig. Er reist, pflegt Hobbys oder macht etwas anderes, das er bisher aufschob. Seiner Umgebung und sich selber erscheint der Verwandelte daher tatsächlich als ein anderer Mensch, als Narr im positivem Sinn.

Zum Ende dieses zweiten Lebens, mit Anfang 70, findet nun die letzte Verwandlung statt, die zum *Erfüllten*. Der Mensch hat das Leben in seinen Höhen und Tiefen erfahren, gehandelt, sein Bestes gegeben, Beziehungen gewonnen und verloren, Siege erstritten und Niederlagen erlitten. Im Laufe der Zeit hat er dabei einen gewissen Abstand erworben, von dem aus er das Leben jetzt betrachten kann.

Dies also, die Verwandlung zum weisen Menschen, möchten wir als die letzte Aufgabe des nunmehr 70-jährigen Menschen bezeichnen. Worin besteht diese besondere Qualität des reifen Alters?

Distanz – die Qualität des Alters

Der Erfüllte ist weit mehr als bisher Zuschauer des Lebens. Obwohl noch beteiligt und aktiv, hat diese Leitfigur eine andere, eine etwas über den Dingen liegende Perspektive zum Geschehen eingenommen. Der Erfüllte ist mit dem, was er sieht und erlebt, weniger identifiziert, als das früher der Fall war. Suchen und Tun sind nebensächlicher, es gibt im Äußeren nichts mehr zu erreichen. Da er sein Leben im Großen und Ganzen gelebt hat, kann der Mensch jetzt ruhen, schauen und genießen. Dabei ist er jedoch keineswegs passiv, er handelt nach wie vor, doch fehlt dabei jede Verbissenheit, Zielstrebigkeit und Ernsthaftigkeit des früheren Lebens.

Der Erfüllte hat die Qualität des Abstandes, der Distanz entwickelt. Er kann dem Leben zusehen, den Menschen zuhören, deren Motive und Verstrickung erkennen, ohne Wertungen zu produzieren und eigene Ansichten durchsetzen zu wollen. Das macht es ihm möglich, auf eine neue, entspannte Art und Weise an den Dingen teilzuhaben. Eine Art, die Teilnahme ermöglicht, ohne Parteinahme zu erfordern.

Solche Distanz wirkt sich jedoch nur dann positiv auf den alten Menschen aus, wenn sie aus liebevoller und nachsichtiger Haltung heraus geschieht. Der Erfüllte ist eine weitherzige und gütige Gestalt, die beispielsweise für Kinder so wichtig ist und die ihnen zuweilen noch in Großvater oder Großmutter oder in den weisen Gestalten unserer Märchen begegnet. Der Erfüllte steht im Gegensatz zum verbitterten, jammernden Alten, welcher noch voller Wertung und Urteil ist und der klagt, weil er die Aufgaben des Lebens nicht annehmen konnte. Die weise Distanz ist nicht harter, aus Verbitterung und Enttäuschung entstandener Abstand; sie ist warmherzige Verbundenheit.

Wie kann der alte Mensch solche liebevoll verbundene Distanz entwickeln? Vor allem wohl, indem er sich selbst liebevoll distanziert begegnet. Wer sich selbst verurteilt, der wird auch anderen Menschen in Härte und Verbitterung begegnen. Wer mit sich selbst nachsichtig sein kann, dem wird das auch mit anderen möglich sein. Das bedeutet, eine der wesentlichen Aufgaben des alten Menschen ist es, Frieden mit seinem Leben zu schließen.

Frieden zu schließen erfordert, Wertungen nicht nur in Bezug auf andere Menschen und das eigene Schicksal, sondern auch in Bezug auf sich selbst aufzugeben. Das Leben war, wie es war. Ich habe mein Bestes gegeben. Nun ist die Zeit zur Versöhnung gekommen, die zugleich Stunde der Wahrheit dort ist, wo ich mich über das Leben täuschte. Wenn vergebliche Erwartungen und Enttäuschung gegenüber dem Leben deutlich werden, entsteht die Chance zur Lösung davon. Aber nicht der Verstand, nur das Herz kann diese Lösung bewirken.

An dieser Stelle möchten wir eine kleine Geschichte erzählen, die Buddha zugeschrieben wird, und in der eine Frau Versöhnung mit einem schweren Schicksal findet: Eines Tages kam eine Mutter aufgelöst und erschüttert zu Buddha. Ihr einziges Kind war gerade gestorben. Sie flehte in ihrer Verzweiflung und Not: »Nimm dieses Leid von mir oder ich werde verrückt!« Buddha gab ihr eine Aufgabe: »Hol dir eine Schale und ziehe von Haus zu Haus. Bringe mir aus jedem Haus, in dem kein Kind gestorben ist, ein Reiskorn.« Nach etlichen Tagen kehrte die Frau zurück, und ihre Schale war leer. Sie dankte Buddha für die Weisheit, die er sie gelehrt hatte.

Was war geschehen? Die Perspektive war eine andere, Distanz war entstanden, und Mitgefühl hatte Selbstmitleid aufgelöst. Das Leben *ist* so. Mein Leben *war* so. Ich bin so unvollkommen wie die anderen. *Dein Wille geschehe, nicht der meine*. Jetzt, in der Dämmerung des Lebens, kommt es darauf an, vom Herzen her zu schauen. Das Herz eröffnet die Chance der späten Freiheit.

Danken und die Chance der späten Freiheit

Die späte Freiheit meint das Loslassen. Sie ist eine Verbeugung vor dem Leben, eine Geste der Demut. Sie bedeutet die Aufgabe eines Willens, der sich unter allen Umständen durchzusetzen versucht. Die späte Freiheit wird dem alten Menschen zuteil, der sich, so wie ein Bambus dem Wind nachgibt, der Kraft des Lebens beugt. Die Chance der späten Freiheit liegt in der Freiheit vom unbedingten Wollen, vom Werten, von der Enge des Gut und Böse, des Richtig und Falsch, vom Urteil über das Leben.

Diese Freiheit wird zuteil im *Danken*. Danken wofür? Danken beispielsweise dafür, ein langes Leben geführt und dieses reife Alter erreicht zu haben. Danken für die Liebe und die Begegnungen. Danken für alles, was man bekommen hat. Es ist ein seltsames Phänomen, welches wir in unserem Beruf, der Begleitung von Menschen, beobachten können: d*ass oftmals nicht die Erfüllung offener Wünsche oder Sehnsüchte eine Versöhnung mit dem Leben oder mit Menschen entstehen lässt, sondern der Dank.*

Wahrscheinlich glauben die meisten Menschen, bevor sie eines Tages dankbar sein könnten, müssten sich noch zig Bedingungen erfüllt haben. »Leben, bevor ich dir danke, musst du mir noch … und … geben, und dann, im letzten Atemzug, werde ich dir vielleicht danken – aber nur, wenn du auch etwas Vernünftiges geliefert hast!« Wer in erster Linie vom Leben etwas will und weniger wahrnimmt, was er von ihm bekommt, hat dem Leben gegenüber Schulden. Und wer diese Rechnung begleicht, kann sich versöhnen.

Nun hört sich das vielleicht nach großen Worten an. Deshalb wollen wir ein Beispiel hierzu geben. Es handelt sich um einen 75-jährigen Mann. Der gesundheitliche Zustand dieses Mannes war noch relativ gut, obwohl Einschränkungen und Schmerzen im Bewegungsapparat aufgetaucht waren. Dann bekam er einen Schlaganfall, von dem er sich nicht mehr vollständig erholen konnte. In seinen Bewegungen verlangsamt, war er nun mehr auf die Hilfe anderer Menschen angewiesen als jemals zuvor in seinem Leben. Konnte er bisher noch seinem Hobby, dem Angeln auf einem kleinen Ruderboot nachgehen, so musste er nun vom Ufer aus seine Angel werfen. Er konnte nicht mehr Autofahren, sondern musste jemanden finden, der ihn an die Angelplätze fuhr. Seltsamerweise fand sich immer jemand, der ihm half, und seltsamerweise waren gerade junge Leute aus seinem Angelverein darunter.

Diese Hilfsbereitschaft war auf zwei Faktoren zurückzuführen. Erstens hörte man den Mann nicht klagen, und zweitens war er kontaktfreudig. Der Mann sagte: »So kommt das eben, aber ich kann nicht klagen, ich habe mein Leben gelebt.« Und den jungen Leuten gab er einen Rat, indem er seine Lebenserfahrung zusammenfasste: »Lass nichts ungetan, wovon du träumst!«

Dieser Mann war das Beispiel eines zufriedenen Mannes, der auf ein erlebnisreiches Leben zurückblicken konnte und seine Versöhnung mit dem Leben erreicht hatte. Er war ein faszinierendes Beispiel für innerliche Abrundung und Dankbarkeit dem Leben gegenüber. An diesem alten Mann können die Jungen etwas sehen und lernen, das es nirgendwo anders zu sehen und zu lernen gibt. Eine Übereinstimmung mit dem Leben, derart, dass der Tod nicht gefürchtet wird. Und das ist der Grund, warum sie seine Nähe suchten.

Dankbarkeit versöhnt. Jeder Mensch hat vieles, für das er sich bedanken kann, und jeder könnte eine große Liste davon machen.

Teilhaben

Der weise Mensch ist versöhnt nicht nur mit dem Leben, sondern auch und vor allem mit sich selbst. Er kann sich beugen. Auch vor dem, was er noch braucht. Brauchen? Ja, auch der alte und weise Mensch braucht. Er braucht vor allem eines: *Teilhabe*. Wenn er isoliert ist, so hat er wenig zum Betrachten. Deshalb braucht er Teilhabe an den Vorgängen des Lebens, eine Teilhabe allerdings, die ihm zugleich Distanz ermöglicht. Er braucht Kontakt in relativer Unverbindlichkeit. Und darüber hinaus, wie das obige Beispiel des alten Mannes zeigt, brauchen auch die Jüngeren den Kontakt zum alten Menschen, in dessen Augen sie »ein Stück der Ewigkeit« erkennen können.

Das letzte Abenteuer

Ist die weise Gestalt im Laufe der Jahre entstanden und die Versöhnung mit dem Leben erreicht, und ist Teilhabe möglich, so bleibt nichts Spektakuläres mehr. Nur noch Wesentliches. Sich zurückzulehnen und einfach zu *sein*. Alle Wertungen hinter sich lassen und sie den Sinnen und dem Augenblick zu opfern.

Was ist, ist. Was kommt, kommt. Der Erfüllte schaut dem Leben zu – und lächelt darüber. Er ist eins mit ihm geworden. Er ist verschmolzen, wie auch der Säugling verschmolzen war, doch er erlebt diese Verschmelzung bewusster. Der Kreislauf seines Lebens hat sich geschlossen. Es ist rund.

Jetzt wartet der Tod. Muss man in jedem Fall Angst vor ihm haben? Wir haben einmal eine Fernsehreportage gesehen, in dem ein sehr alter Mann, 93 Jahre alt, zu Wort kam. Man wollte von ihm wissen, wie er über den Tod dachte. Dieser Mann, der geistig und auch körperlich noch fit war, der sogar noch ohne fremde Hilfe leben konnte, antwortete mit leuchtenden Augen: »Ja, da bin ich gespannt darauf. Der Tod. Wie das wohl ist? Manchmal kann ich ihn kaum erwarten.«

Da sprach keine Resignation, keine Sehnsucht nach dem Ende, sondern die Spannung vor dem letzten Abenteuer. Da sprach offensichtlich ein Mann, der sein Leben zur Erfüllung führte. Dieser Mann wird für uns ein faszinierendes Beispiel bleiben, wie man den Tod sehen kann und eine Leitfigur für das letzte Abenteuer.

Anmerkungen

1 Siehe hierzu ausführlich von M. Mary *Lebensträume/Lebenssinn*, Nordholt-Verlag 1999

2 Siehe hierzu von M. Mary und H. Nordholt *Change – Umgang mit Veränderung*, Nordholt-Verlag 2000

3 Siehe hierzu von M. Mary *Begegnungen mit dem Inneren Kind. In Partnerschaften, in Beziehungen zu sich selbst, den Menschen und der Welt*, Nordholt-Verlag 1999

4 Eine ausführliche Beschreibung dieses Verhaltens und auch der männlichen Gegenseite finden Sie in den Büchern von M. Mary *Zwölf Beziehungskiller und wie man sie vermeiden kann*, Kreuz Verlag 1999, und *Schluss mit dem Beziehungskrampf. Wie Männer Freiheit und Frauen Nähe in ihrer Beziehung finden können*, Kreuz Verlag 2000

5 Siehe hierzu von M. Mary *Schluss mit dem Beziehungskrampf* und *Zwölf Beziehungskiller und wie man sie vermeiden kann*

Die Autoren

Michael Mary, geb. 1953, lebt in der Nähe von Hamburg. Seit mehr als 20 Jahren arbeitet er als Einzel- und Paarberater und ist mittlerweile Autor von 12 Büchern. Informationen erhalten Sie unter der Fax-Nummer 03 55 81 / 8 06 06 oder im Internet unter www.michaelmary.de .

Henny Nordholt, geb. 1956, ist Diplompsychologin, Psychologische Psychotherapeutin mit eigener Praxis in Hamburg und Autorin von drei Büchern.

Die Deutsche Bibliothek – CIP-Einheitsaufnahme
Ein Titeldatensatz für diese Publikation ist bei
Der Deutschen Bibliothek erhältlich.

1 2 3 4 5   05 04 03 02 01

© 2001 Kreuz Verlag GmbH & Co. KG Stuttgart, Zürich
Ein Unternehmen der Verlagsgruppe Dornier
Postfach 80 06 69, 70506 Stuttgart, Tel.: 0711/78 80 30
Sie erreichen uns rund um die Uhr
unter www.kreuzverlag.de
Umschlagfoto: © Kintaikyo Bridge © Raga/Premium
Umschlaggestaltung: Atelier Reichert, Stuttgart
Satz: de·te·pe, Aalen
Druck und Bindung: GGP Media, Pößneck

Die Schreibweise entspricht den Regeln
der neuen Rechtschreibung.

ISBN 3 7831 1981 2

Wieder locker werden

MICHAEL MARY

Schluss mit dem Beziehungs- krampf

Wie Männer und Frauen
Freiheit Nähe

in ihrer Beziehung
finden können

256 Seiten,
Hardcover
ISBN 3-7831-1822-0

Durch eine faszinierende Gegenüberstellung von
männlichem und weiblichem Erleben macht Michael Mary
die Missdeutungen nachvollziehbar, durch welche die Partner
in den Beziehungskrampf geraten. Er führt hin auf Lösungen,
mit denen Männer Freiheit und Frauen Nähe in der
Beziehung erleben können.

KREUZ: Was Menschen bewegt.
www.kreuzverlag.de

08.04.2006 Antiquarial